U0022437

人類文明小百科

Histoire des Jeux olympiques

奧林匹克運動會

FRANÇOISE INIZAN　著

馮恭己　譯

三民書局

Crédits photographiques

Couverture : p. 1 Drapeau olympique © Bongarts/PRESSE-SPORTS ; Jesse Owens © PRESSE-SPORTS ; p. 4 Katarina Witt © AFP.

Ouvertures de parties et folios : pp. 4-5 © Bongarts/PRESSE-SPORTS ; pp. 18-19 © Rochard/PRESSE-SPORTS ; pp. 30-31 Défilé nazi avec drapeaux allemands et olympiques devant la porte de Brandebourg à l'occasion des Jeux olympiques de Berlin, en 1936 © KEYSTONE ; pp. 48-49 Cérémonie d'ouverture des Jeux olympiques de Barcelone en 1992 © AFP ; pp. 72-73 Cérémonie d'ouverture des Jeux de Lillehammer en 1994 © PRESSE-SPORTS.

Pages intérieures : p. 6 © Pahud/CIO ; p. 7 © Yann Arthus-Bertrand/ALTITUDE ; p. 8 Musée du Louvre © G. DAGLI ORTI ; p. 9 British Museum, Londres © EDIMEDIA ; p. 10 © PRESSE-SPORTS ; p. 11 © Laget/PRESSE-SPORTS ; p. 12 © Laget/PRESSE-SPORTS ; p. 13 © Laget/PRESSE-SPORTS ; p. 14 © A.S.L (Actualités suisses Lausanne) ; p. 15 © CIO ; p. 16 © Laget/PRESSE-SPORTS ; p. 17 © Laget/PRESSE-SPORTS ; p. 20 La grande roue © ROGER-VIOLET ; Le tir à la corde © Laget/PRESSE-SPORTS ; p. 21 à gauche : © Laget/PRESSE-SPORTS ; à droite : © CIO ; p. 22 © CIO ; p. 23 © PRESSE-SPORTS ; p. 24 © Laget/PRESSE-SPORTS ; p. 25 © PRESSE-SPORTS ; p. 26 © PRESSE-SPORTS ; p. 27 à gauche : © KEYSTONE ; à droite : © PRESSE-SPORTS ; p. 28 © PRESSE-SPORTS ; p. 29 © PRESSE-SPORTS ; p. 32 en haut : © ROGER-VIOLLET ; en bas : © KEYSTONE ; p. 33 © PRESSE-SPORTS ; p. 34 © KEYSTONE ; p. 35 © PRESSE-SPORTS ; p. 36 © KEYSTONE ; p. 37 © PRESSE-SPORTS ; p. 38 © CIO ; p. 39 © PRESSE-SPORTS , p. 40 © PRESSE-SPORTS ; p. 41 © PRESSE-SPORTS ; p. 42 © PRESSE-SPORTS ; p. 43 © PRESSE-SPORTS ; p. 44 © PRESSE-SPORTS ; p. 45 © PRESSE-SPORTS ; p. 46 © PRESSE-SPORTS ; p. 47 © PRESSE-SPORTS ; p. 50 © PRESSE-SPORTS ; p. 51 en haut : © PRESSE-SPORTS ; en bas : PRESSE-SPORTS ; p. 52 © PRESSE-SPORTS ; p. 53 © PRESSE-SPORTS ; p. 54 © François Jourdan/ALTI-TUDE ; p. 55 © PRESSE-SPORTS ; p. 56 © PRESSE-SPORTS ; p. 57 © PRESSE-SPORTS ; p. 58 © PRESSE-SPORTS ; p. 59 © PRESSE-SPORTS ; p. 60 © PRESSE-SPORTS ; p. 61 © PRESSE-SPORTS ; p. 62 © PRESSE-SPORTS ; p. 63 en haut : © PRESSE-SPORTS ; en bas : © PRESSE-SPORTS ; p. 64 © PRESSE-SPORTS ; p. 65 © AFP ; p. 66 © PRESSE-SPORTS ; p. 67 © AFP ; p. 68 © AFP ; p. 69 © AFP ; p. 70 © AFP ; p. 71 © PRESSE-SPORTS ; p. 74 © PRESSE-SPORTS ; p. 75 © PRESSE-SPORTS ; p. 76 © PRESSE-SPORTS ; p. 77 © KEYS-TONE ; p. 78 © PRESSE-SPORTS ; p. 79 © PRESSE-SPORTS ; p. 81 les deux photos : © PRESSE-SPORTS ; p. 82 © PRESSE-SPORTS ; p. 83 © Van Parys/PRESSE-SPORTS ; p. 84 © PRESSE-SPORTS ; p. 85 en haut © AFP ; en bas : © PRESSE-SPORTS ; p. 86 © Atelier Pierre Novat, 69160 Tassin ; p. 87 © PRESSE-SPORTS ; p. 88 en haut © Kharbine-Tapabor/DARGAUD, 1968 ; en bas : Deschamps/PRESSE-SPORTS ; p. 89 © C. Abad/PRESSE-SPORTS ; p. 90 © AFP ; p. 91 © PRESSE-SPORTS.

Couverture (conception-réalisation) : Jérôme Faucheux.
Intérieur (conception-maquette) : Marie-Christine Carini.

Réalisation P.A.O. :   édamax

©Hachette Livre, 1996.
43 quai de Grenelle
75905 Paris Cedex15

目

次

奧林匹克精神

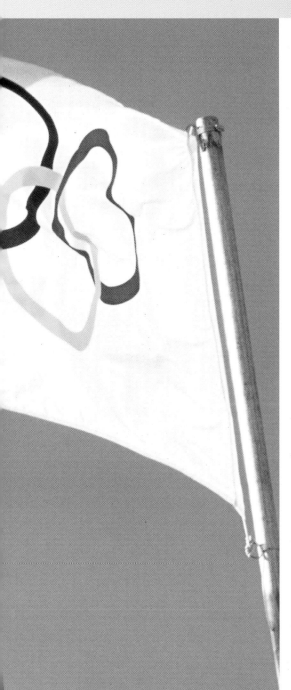

古希臘
_____

古伯丁男爵
_____

1896年第一屆
奧林匹克運動會
_____

古希臘

火焰

在古代運動會期間，赫拉女神祭臺上燃燒著火，現在，每四年火焰仍莊嚴地點燃在奧林匹亞遺址上。

6

奧林匹克精神

和平與美麗的理想

我們並不清楚第一屆奧林匹克運動會的確切日期，但是，公元前 776 年的一次頒獎儀式開始了希臘奧林匹克的年代。我們不知道起因，也不知道將來奧林匹克運動會會發展成什麼樣子。在亞特蘭大奧運會一百周年之後，這些疑問還是存在的。不過，很幸運的，象徵古希臘精神的奧運會已經成為當今的世界重大事件之一。

奧林匹亞是一座寧靜、風景如畫的城市，它也是一座神像城，就在一座覆蓋著油橄欖樹的小山丘腳下。在這兒，古希臘人每四年*舉辦一次運動會。地中海沿岸古希臘各國最優秀的競技者每隔四年來此相聚，這是一個民眾的節日，清一色男子選手，場面非常雄偉壯觀。同時這也是男人們慶祝自己競技美以及和平的時候。

為了擴展疆土，古希臘經常都處在戰爭之中，但在運動會期間，一切戰爭都會暫停下來。運動會期間，古希臘人卸下武器來為他們的競技者鼓掌和向神像致敬。這些運動會表現了博愛精神，同時也促使希臘人民團結一致。

註：帶星號*的字可在書後的「小小詞庫」中找到。

競技者

只有古希臘人能參加運動會，奴隸、外國人以及犯過罪的人都不能參加。有資格參賽的運動員必須有十個月以上的訓練期，隨後在Elis城集訓30天。競技者們住在奧林匹亞「會館」中，奧林匹克運動會會期為五天，比賽是分階段的，比賽規則非常嚴：禁止弄虛作假、禁止使用不光彩手段取勝。勝利者雖然只能得到一頂用神聖樹枝葉做成的橄欖冠，但是回到家鄉時，城中居民就把他看成是一位半神。

奧林匹亞運動場

如今，從空中俯瞰奧林匹亞運動場舊址，運動場呈長半橢圓形，沙跑道上的起跑線是一排當初用來做起跑器*的大理石。

7

奧林匹克精神

擲鐵餅

獎杯上的畫是由希臘畫家萊姆勞斯所作（公元前五世紀），畫的是擲鐵餅比賽。這是古代運動會最古老的、也是最著名的比賽項目之一。

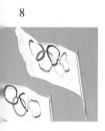

奧林匹克精神

體育場

體育場(stade)，此一名詞是當時古希臘的長度單位，為192.27公尺，是傳說中競技之父——大力神(Héraclès)之腳的600倍長。位於阿爾卑斯神城鄰近奧林匹亞「聖地」的體育場，能容納40000至60000名觀眾，有一條沙跑道。在奧林匹亞聖地中有一座神廟——赫拉神廟，在廟中有雅典雕塑家普落斯圖的著名雕像：《荷米斯抱著戴歐尼修斯之子》。再稍高處，才是競技運動員的體育館*以及角力場*。

講究實際的體育運動

古希臘的跑步單位稱為斯泰特(Stade)，起初跑步的距離只有一個斯泰特，隨後為兩個斯泰特（近400公尺），以後有距離更長的跑步比賽，一直到八十個斯泰特的跑步比賽。不久又增加了五項運動（跑、跳、標槍、鐵餅、拳擊），起伏不平的危險馬車比賽也出現在賽馬場上。最後，拳擊與角力相結合的激烈運動也產生了。

運動會的結局

幾個世紀後，運動會逐漸衰落，金錢取代了聖潔的奧林匹克思想，這是古希臘沒落的象徵：作假得來的勝利、收買最好的競技運動員（如同現在的足球運動員），這對其他參賽者並不公平。公元394年羅馬帝國皇帝狄奧多西將運動會看成是異教活動，便禁止舉行奧運會。一年之後，入侵的哥特人破壞了奧林匹亞原址。後來，奧林匹亞原址在一次地震中消失。德國與法國考古學家在1829年重新發現了該遺址。

運動會的第一個勝利者是一位名叫高魯波斯的咖啡館老板，他於公元前776年獲得一個斯泰特跑步的冠軍，這是第一位「奧林匹克」冠軍。然而，古代偉大的冠軍要數米隆，一位真正大力士的化身。這位結合拳擊和角力的競技運動員接連獲得了六屆奧運會的勝利。運動會結束時，皇帝南洪也參加了馬車比賽，他輕易地取得了勝利：因為在80個小時的比賽中，他的對手深怕贏了皇帝就必須死亡，最後一個一個都退出比賽。

摔跤運動員的比賽
這是畫在雅典飲料杯上的摔跤場面，在比賽之前，運動員全身都擦上油。

9

奧林匹克精神

古伯丁男爵

夢想家

皮埃爾・古伯丁男爵決心讓消失了15個世紀的奧林匹克節重生。今日奧林匹克運動會的盛況，當然是經過漫長的路途。現在，奧林匹克運動會已成為全世界矚目的重要事件。每四年在某個城市舉辦一次，城市則由國際奧委會*決定。透過電視，有上億的觀眾在收看奧運會的實況轉播。因此，奧運會也為人們帶來了大筆財富。從年輕時代起，古伯丁男爵就懷有舉辦運動員盛大集會的理想。

10

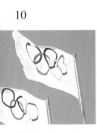

奧林匹克精神

1863年1月1日，男爵出生於巴黎一個非常富裕的貴族家庭，後來他成為一名作家和教育家。他蓄著濃密的鬍子，有出眾的特徵。童年時，他利用在Fécamp附近的家族小城堡度假的機會，讀了很多書，作了很多研究，那時，1870年普法戰爭的失敗對他造成深遠的影響——年輕人應該要反抗！從那時起，男爵有一個主要的目標——教育，因為未來是屬於年輕人的。

英國模式

皮埃爾·古伯丁男爵12歲那年，在報上發現了一篇關於《英國湯姆·布朗中學的生活景象》。這篇報導描述的是英國拉格比中學學生的故事。這是一所新式中學，由年輕的男孩們自己管理，他們還發明了橄欖球。

體育的理想

1841年，橄欖球在英國已成為正式的體育運動，並且很快普及開來。這張圖描繪的是在曼徹斯特比賽時的一場混戰，在體育俱樂部裏，人們都有一個明確的理想——體育活動是教育的一部分。

在讀泰納的《關於英國的筆記》及他專門論述教育的章節時，古伯丁進一步指出：在公立學校以及牛津與劍橋大學校園裏，人們酷愛體育運動。那個年代，英國的小學生下午總是在戶外玩遊戲。受此鼓舞，古伯丁於1888年出版了一本著作，名為《英國的教育》；他還創立了一個「體育運動協會」以推廣體育運動。

11

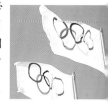

奧林匹克精神

完美的運動員

古伯丁並不只是對體育運動空有理想。他經常參加體育活動，諸如騎馬、拳擊、擊劍、划船、打網球，他還是第一個試騎機器腳踏車的人。

八年之後，他決定參觀他夢寐以求的英國。他住在拉格比市並受到體育運動純潔精神的鼓舞。在法國，當有些人還保留著特權的時候，也有一些人熱衷於體育活動：如由孔多塞高中學生們在巴黎創辦的「法國體育協會俱樂部」。於是年輕的男爵突發奇想：能否重新舉辦奧運會？1892年，他這樣寫道：「德國人已經毀壞了奧林匹亞，我們應該恢復它，使它更壯麗。」

12

奧林匹克精神

古伯丁引用了好友迪東的一句拉丁格言。迪東在阿赫古依負責體育俱樂部，他讓人在體育俱樂部的運動衫上鑲上拉丁文「更快、更高、更強」的格言，現在此格言已成為國際奧委會的口號。

奧運會重新誕生

古伯丁遭到了反對派的杯葛，然而他並沒有放棄這個計劃。1894年6月16日，他在著名的巴黎大學大階梯教室裏組織了第一屆「重建奧林匹克運動會國際會議」。他召集了20

個國家的代表，當阿波羅頌歌響起時，好像又回到了德爾菲。在加布里埃爾·富爾的伴奏聲中，大廳裏洋溢著歡樂與激動的氣氛。的確發生了一件真正特別的事⋯⋯這是一個決定性的時刻：6月23日晚，委員會宣告：正式重建奧林匹克盛會。古伯丁興奮極了。31歲，剛實現夢想的他歡呼著：「我要到處宣佈這個消息。消失了幾個世紀的古希臘奧林匹克又回到世上。」不久，他組織了第一屆國際奧林匹克委員會。以後他又主持了國際奧委會，他決定：第一屆奧運會將於1896年在希臘開幕。

國際奧林匹克委員會 * 負責領導、組織並審議奧林匹克運動會。總部設在瑞士洛桑。從委員會委員中選舉一名做主席，任期為八年，然後重新選舉。它與各國奧林匹克委員會直接合作。各國奧林匹克委員會保證該國運動員的代表性。國際奧委會選與國際體育運動總會密切合作。國際奧委會的官方語言為英語與法語。

La Bicyclette

JOURNAL D'INFORMATIONS VÉLOCIPÉDIQUES
Paraît à Paris le vendredi matin

| N° 111. — Vol. 3 | Paris, 15 Juin 1894. | Le N° 10 cent. |

ACTUALITÉ
Le Congrès international des jeux olympiques à la Sorbonne.

奧運會重新誕生？
一份自行車信息報《自行車》發表一則消息：為「重建奧林匹克運動會的國際會議」在巴黎大學開幕。

13

奧林匹克精神

1896年第一屆奧林匹克運動會

開頭步履艱難

第一屆現代奧運會於1896年4月6日至15日在雅典舉行。大會沿襲了古奧運會體制。儘管只有13個國家參加，這次運動會仍向全世界敞開大門。可惜的是，希臘——這個經過土耳其統治了九個世紀的國家，在1829年獨立之後已經衰敗了。還好，一位在埃及的希臘富商喬治·阿威羅夫捐助了324萬公克金子給他祖國。利用這筆錢，人們建造了一座用白色大理石裝飾、與古雅典體育場相仿的體育場。

雅典運動會開幕式
大批熱情激動的人群聚集在看臺上。看臺沿著192.27公尺的直道與小彎道建成，192.27公尺是一個斯泰特（傳統的測量單位）。

奧林匹克精神

運動會開幕那天，50000 名觀眾坐在體育場四周的階梯長凳上，圍繞著國王喬治一世。古伯丁男爵挺直了腰，自豪地站在主席臺，他的夢想實現了：311 名運動員莊嚴地在跑道上列隊。有些運動員，如美國運動員，乘船長途跋涉來到這裏參加運動會。由撒馬拉斯作曲的奧運頌歌第一次在這兒奏起。從1957年起，這首歌曲便成為歷屆奧運會的正式頌歌。

擊劍比賽

在第一屆奧運會上，職業擊劍運動員獲准參加擊劍*項目。不久，國際奧委會只准許業餘愛好者參加擊劍比賽。

第一批獲勝的運動員

15

大會進行了田徑、舉重*、摔跤、體操、游泳、射擊、自行車、擊劍*、航海9個項目43個單項的比賽，其中游泳在維爾特斯海灣進行。而航海運動，因天氣不好而臨時取消。

奧林匹克精神

100公尺起跑

這張照片的左邊第二位是托馬斯・布克，他贏得了100公尺與400公尺冠軍，且發明了兩手著地的起跑方式。在1896年，他的起跑方式引起了觀眾的哄笑。他隔壁跑道的跑者，用兩根小棍棒支撐的起跑方式更為別出心裁。

按古希臘傳統，由田徑100公尺預賽打開各項比賽的序幕。運動會的第一位冠軍得主是一位來自美國哈佛大學，未經學校批准私自參加三級跳遠比賽的運動員——詹姆斯・科諾利。當時的紀錄是13.71公尺。現在的世界紀錄*已超過18公尺，當時的紀錄和現在比起來當然微不足道。儘管當時的沙土跑道品質不好，所以成績不夠理想，但美國已顯示出他們的優勢，就像現在一樣。100公尺冠軍則由托馬斯・布克奪得。他的起跑方式很特別：蹲下，兩手著地，這種方式在當時引起了觀眾的嘲笑，然而現在這已是很平常的起跑方式。霍特撐竿跳高越過了3.3公尺，而今日布勃卡已超過了6公尺。擊劍*冠軍則由法國人格拉夫洛獲得。

16

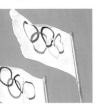

奧林匹克精神

馬拉松比賽

希臘人的比賽成績並不理想。為了贏得榮譽，他們至少應該在馬拉松*比賽中獲勝。這是一種新的比賽，起源於傳奇人物菲力比第斯，運動員須從雅典跑到馬拉松小鎮。年輕的菲力比第斯，為了向希臘人宣告對古波斯的勝利（公元前490年），從馬拉松跑到雅典，在跑完40公里的路程後，只來得及向希臘人宣佈這個好消息，便筋疲力竭地死去。富商阿威羅夫允許勝利者親吻他女兒的手，所以整個希臘屏住呼吸等待馬拉松比賽的結果。盧維，一位21歲的希臘送水工，在橄欖樹叢中進行長期行走的訓練後，終於在馬拉松賽跑中獲得奇蹟般的勝利。盧維因此成為希臘的英雄，馬拉松也成為奧運會最美最激動人心的跑步比賽之一。

為了紀念菲力比第斯，在法國的虔誠古希臘學者布雷爾建議舉辦馬拉松*比賽，於是馬拉松賽就誕生了，在2小時58秒內盧維跑完40公里，創造了馬拉松第一個世界紀錄，現在馬拉松的距離是42.195公里，目前世界紀錄為2小時6分50秒。

盧維

雖然是馬拉松*冠軍，但是盧維並不是一位「真正」的田徑運動員：如同眾多參賽者一樣，他從不參加任何俱樂部，也從未受過長跑訓練。

奧林匹克精神

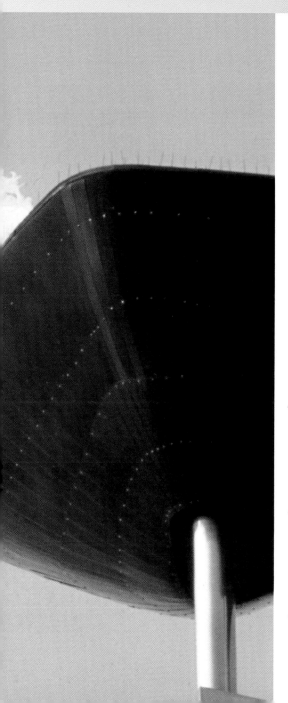

奧林匹克的重生

介於市集與露天
慈善遊藝會之間
(1900–1904)

古代休戰不再存在
(1908–1920)

第一屆工業運動會
(1924–1932)

介於市集與露天慈善遊藝會之間
(1900–1904)

巴黎的雜技

剛剛恢復奧運會不久，在巴黎舉辦的第二屆奧運會就走上崎途。1900年5月到10月，運動會在世界博覽會期間進行。運動會不像體育競賽，反而像雜技表演。人們看到的是滾球比賽、風箏比賽、在刀剪工場攤位上的武術……，在阿尼埃爾游泳賽上出現了異想天開的比賽，在200公尺的水道中設置了一些浮桶，而游泳選手必須從桶中通過！塞納河污泥堆積、髒亂不堪，人們很難看清楚運動員。

運動會被歪曲了，得獎名單非常含糊。在這混亂的環境中只有田徑運動還保持尊嚴。它在波勞涅森林公園中在15天內重新分組比賽，來自耶魯與哈佛大學的兩位大學生在比賽中表現傑出，在23面金牌中他們就摘取了17面。法國體育協會的一個小園丁泰阿托則獲得馬拉松*冠軍，他成為法國田徑運動的第一個奧運冠軍。

危險的運動會

波勞涅森林中的拔河比賽，艾菲爾鐵塔下的市集……古伯丁這樣寫著「奧林匹克體制還能繼續存在，真是奇蹟！」

奧林匹克的重生

聖路易的笑話

1904年7月在美國聖路易舉行的第三屆奧運會並沒有改善巴黎奧運會的缺點，總共只有11個國家參加。運動會是在世界博覽會期間舉行的。世界博覽會慶賀它從路易斯安那到法國的一百周年紀念，可是卻沒有一位法國運動員參加奧運會。運動會完全由美國人支配。

為了讓北美印第安人的蘇族、矮人族及各種少數民族參加，聖路易奧運會還舉行了非常乏味的「人類日」。被視作「未開化人」的他們只能參加一些荒誕的比賽，這意味著道德嚴肅性及體育精神的淪失。奧林匹克體制死亡了？古伯丁決定為此而戰：我們任重道遠。

哈恩

在1904年奧運會之後，婦女被允許參加拳擊賽（上圖左）。聖路易奧運會上真正的英雄是哈恩（上圖右），他是美國大學生，以驚人的速度奪得了60公尺、100公尺及200公尺直道冠軍。

由於對聖路易奧運會感到失望，希臘人產生了抵制奧運會的想法，他們希望每四年在雅典舉行奧運會。因此，1906年，未經古伯丁同意，就在雅典舉辦了奧運會。雖然沒有繼續下去，可是那次運動會卻顯示出極高的水準。

奧林匹克的重生

古代休戰不再存在(1908–1920)

倫敦：回歸傳統

這是在1908年的倫敦，當衝突已初露端倪時，國王愛德華七世在此時宣布第四屆奧運會開始，儘管運動會再一次與一個展覽會同時舉行，但是一切都是嚴肅認真的：有22個國家，2600名運動員參加，比1896年雅典運動會多出10倍。這次終於重現了奧運會的精神。體育場容納七萬多名觀眾。而長100公尺的游泳池則設在體育場正中央，讓人驚喜。

當然還存在著比賽公平性的問題，在自行車比賽中，一些法國運動員不公平地被取消資格。在田徑賽中，美國人抵制了400公尺比賽。還有在馬拉松*比賽中，一位義大利小糕點商皮埃特里失去贏得冠軍的機會：因為他跑錯了方向，糾正後奮力奔跑，終因體力不支而暈倒，最後在人們攙扶下才走到終

不幸的英雄皮埃特里

1908年倫敦，由於比賽所引起的狂熱使奧林匹克聲望大增。現代運動會的傳奇隨著皮埃特里抵達倫敦馬拉松*終點而真正開始。

22

奧林匹克的重生

點。雖然他被取消資格，可是在跑步途中有 250000名觀眾為他加油。

自從聖保羅大教堂的說教之後，這些衝突已引起賓夕法尼亞主教的訓戒：「志在參加，不在得獎」，這句格言重新被古伯丁男爵所引用，從此以後成為非常有名的口號。

斯德哥爾摩的焦急

當另一位國王，瑞典的加世泰佛五世於1912年在斯德哥爾摩宣布奧運會開幕時，歐洲正處於緊張狀態中，一場戰爭即將來臨。但在雄偉的體育場裏，田徑運動比賽使人們忘卻了緊張的局勢。一下子，5000公尺賽跑成為一個精彩的節目。法國人讓·波安，蓄著小鬍子的24歲馬賽人，已經是10000公尺長跑的世界紀錄保持者，所以奪標呼聲極高。雖然他並不懼怕芬蘭人高爾梅寧——兩天之前神聖的10000公尺奧林匹克冠軍。可是高爾梅寧在最後衝刺時超過了讓·波安。新的世界紀錄*產生了:中長跑*向前邁進了一大步。

讓·波安，原本最被看好的人

身材高大的法國運動員讓·波安在斯德哥爾摩奧運會的5000公尺預賽*中刷新了世界紀錄*，但是決賽時，他輸給芬蘭運動員漢斯·高爾梅寧。上圖我們看到波安在漢斯之後。

為忠於古代的理想，古伯丁希望在奧林匹克運動會上表演藝術。1912年，為了答謝作家、音樂家、建築師及詩人，設立了藝術競賽項目。1924年，由於作家蒙黎朗和畫家福杰泰表達了沒能獲得金牌的失望，隨後，藝術比賽就消失了。

23

奧林匹克的重生

卡哈納莫庫的「自由泳」

1912年，夏威夷一位首領的後裔卡哈納莫庫在100公尺游泳賽中取得勝利。這位年輕的美國人創造了新的游泳方式：「自由式」，其意思是「匍匐而行」。這一位現代游泳運動員在游泳項目中蟬連冠軍十年之久。1920年他還是奧林匹克游泳項目的冠軍。

KAHANAMOKU
Etats-Unis

因為只有業餘運動員才能參加，吉姆·索普是第一位被除名的田徑運動員。他不僅失去了他的紀錄，也失去了他的金牌，一直到1982年——在他逝世29年之後，才恢復榮譽。之後，另一些著名運動員（如：埃爾·瓦菲、拉杜曼克、魯米、施賴茲……）在金錢與業餘的矛盾中付出代價：國際奧委會*不想改變這個規定，因為這是奧運會的原則。

十項全能*運動也是同樣的命運。美國運動員索普取得了勝利。他是一位方臉、矮胖的印第安人。他的真名應該是于克 (Wa-Tho Huck)，意思是「光輝的道路」。他是一位全能田徑運動員，可是他已在一個職業隊中打棒球，因此違反了奧林匹克憲章*。六個月後，他被國際奧委會*取消冠軍資格。

24

奧林匹克的重生

安特衛普：向死難者默哀

在1920年八月底，比利時下著雨，猶如為整個歐洲還沒有結束的戰爭哭泣。戰爭並未因為奧運會的到來而停止，因此，1916年的奧運會沒有舉行。有著嚴重經濟問題的城市——安特衛普重新舉辦了奧運會。開幕式時，舉行了一分鐘默哀，哀悼所有在戰爭中死亡的運動員——讓·波安26歲時死在戰壕中。

令人傷心的回憶：又一次，人們等待著5000公尺比賽，因為芬蘭運動員魯米似乎是無人能敵的。這位跑步運動員，跑在最前面，肯定他是占優勢了。可是突然出現一位二十多歲法國青年約瑟夫·紀爾摩特，綽號「豬頭」，他還把這個名聲繡在運動衫上，在最後彎道上他超過了魯米。次日，當紀爾摩特在一家大飯店靜靜地品嘗他的勝利時，人們跑來找他：10000公尺決賽提前了。他必須在一刻鐘之內跑到體育場！剛吃飽飯，胃的負擔太沈重，所以這次他只獲得第二名。繼魯米之後，他成了奧運會的寵兒，中長跑*最優秀的運動員之一。

象徵著團結博愛的奧林匹克旗第一次在體育場升起。由五個交織的環組成的五環旗象徵著世界五大洲。後來國際奧林匹克委員會採用了這面旗幟。

5000公尺的驚訝

面對芬蘭中長跑*的好手魯米，法國運動員紀爾摩特獲得了意外的勝利。圖中魯米仍然領先，高爾梅寧則成為馬拉松*的冠軍。

25

奧林匹克的重生

安德烈宣誓

運動員安德烈在哥倫比亞宣讀奧林匹克誓言。作家們讚揚這是一種帶有沙文主義的頌讚。其中的作家包括了寫有《奧林匹克》一書的蒙黎朗。然而誓言被美國與法國間橄欖球決賽的暴力所歪曲了。

奧林匹克誓言於1920年第一次在安特衛普宣讀。通常由地主國的名運動員宣讀：「我們宣誓，我們以忠誠的心參加奧林匹克運動會，我們尊重管理運動員的規則，為了我們國家的榮譽及體育運動的光輝，以騎士般的精神渴望參加奧運會。」

奧林匹克的重生

巴黎：「最美的時代」

巴黎歡樂著，聽著爵士音樂，跳起舞，沈浸於歡樂之中。1924年在哥倫比亞郊區舉行的第八屆奧運會已成為人們津津樂道的事。德國人沒有參加，但是芬蘭的魯米總是最強的，在獲得1500公尺冠軍20分鐘之後，這位芬蘭人又贏得了5000公尺冠軍，然後在越野障礙賽*、團體接力及3000公尺團體賽中又摘取了金牌。後三種比賽現在已經取消。雖然取得了五項冠軍，魯米仍然非常冷靜與精明。

20歲的韋斯苗勒，一個優秀的棕髮游泳運動員，高大而強壯，有一點點害羞，他奪得了游泳項目的三面金牌：100公尺、400公尺及接力。在 100 公尺這個短距離上，他是第一個在一分鐘內游完的運動員，因而成為歷史上最著名的游泳運動員之一。1928年，他又成為奧運會兩面金牌得主，他51次打破世界紀錄*，而且57次在美國獲得冠軍。更令人驚訝的是，1932年他投身好萊塢成為電影演員並因此聞名於世，這就是有名的塔爾尚。

韋斯苗勒

美國水球隊獲得三面金牌與一面銅牌。圖中是這個時代最有成就的游泳運動員韋斯苗勒，即後來電影中的演員塔爾尚。

27

奧林匹克的重生

第一位100公尺女子冠軍

在此之前，婦女只能參加奧運的游泳及網球比賽。1920年法國運動員蘇珊·蘭格朗獲得網球冠軍。1928年，奧運會田徑項目同意讓女運動員參賽，在這次奧運會上，美國運動員貝蒂·魯賓遜（中間）成為第一位奧運女子100公尺的冠軍。

婦女征服阿姆斯特丹

1928年，在阿姆斯特丹，美國代表隊由麥克阿瑟將軍率領，德國人重新參加奧運會並為此增添了豐富內容，也促進了奧運會的發展。然而應特別指出的是，婦女終於獲准參加田徑賽中的五個項目。古伯丁男爵曾強烈地反對過，他覺得婦女參加奧運會十分荒謬，當然古伯丁就算厭惡女人，他也不可能抵抗戰爭期間所產生的婦女解放運動。而且，他太累了，後來就在瑞士洛桑退休了。此後，他不能為新的金牌得主魯米鼓掌，也不能為馬拉松 * 冠軍——法國雷諾公司工人埃爾·瓦菲喝采了。

奧林匹克的重生

洛杉磯的巨人症

在美國西海岸的洛杉磯，奧運會出現另一種規模：在那兒，一切都是巨大的，儘管整個世界都面臨經濟危機，但是人們還是為奧運會投入了大筆金錢。人們生活在禁令與好萊塢電影製片廠的魅力之間。1932年7月30日的開幕式十分隆重。105名歌唱演員、300名音樂家參與這項盛會，到處都充滿了樂隊喧鬧聲及旗子！有105000個座位的體育場坐無虛席。為了解決代表隊的居住問題，美國人創建了「選手村」，由牧童們值夜，至於婦女們，她們住宿在旅館。這一年，這些婦女在奧林匹克運動會中爭取了她們真正的地位。18歲的德克薩斯人迪德里克森奪得了兩面金牌（標槍與80公尺跨欄）。 但這一切不能彌補日本人在游泳項目中給美國人的打擊：在七項比賽中他們勝了六項。在田徑項目中，美國短跑運動員報了一箭之仇：托朗和米卡夫在100公尺比賽中以閃電般的速度取勝。

華德·迪斯奈節日

洛杉磯開幕典禮的改革，由華德·迪斯奈設計——如同1960年冬季奧運會開幕式那樣，開幕式第一次少了它的刻板性，是自發的，充滿著歡樂、輕鬆的氣氛。

洛杉磯奧運會開創了新紀元。為了有更好的成績，從此體育需要有大量的資金、經濟支柱、設備、眾多的教練員，同時，技術也在改進，1/100秒的馬表與起跑槍及終點攝影機相連，該表由好萊塢的一位天才修理工柯爾比發明。

29

奧林匹克的重生

對奧運會的威脅

納粹的陰影
(1936–1948)

運動會場上
的緊張氣氛
(1952–1964)

墨西哥和「黑人威力」
(1968)

納粹的陰影(1936–1948)

恐怖的柏林運動會

突然，希特勒從包廂中怒氣衝天地站起來。那裏，有一位年輕的美國人，23歲，從阿拉巴馬州來的黑人，他堅持不懈想戰勝朗——德國最佳跳遠運動員。這位年輕人叫杰西·歐文斯，幾天前，他是 100 公尺的奧林匹克冠軍。這時他站在跳遠場地的一端。元首搖晃著身子，在他身旁是戈林、哥塔爾及納粹軍官們。希特勒在成為德國元首三年之後，也就是1936年8月2日，在擁有100000個座位的巨型體育場裏宣布柏林奧林匹克運動會開幕。在奧林匹克旗子旁飄揚著德意志第三帝國的卐形十字交叉旗，為納粹德國祝福，然而這位黑人青年蔑視它，最後一試，他跳過了8.06公尺，他贏了朗，把阿利安人至高無上的神話打倒在地。

納粹的輝煌

希特勒向他的運動員們祝賀，在100公尺自由式的領獎臺上，名列第三的德國女運動員吉澤爾·阿倫特行了納粹禮。這是 Leni Riefenstahl 著名且受爭議的電影場面，此電影名為《奧林匹克，體育場上的上帝》。電影製作由希特勒操縱，過分地頌揚運動會。

32

對奧運會的威脅

天才的歐文斯

杰西·歐文斯成為這次令人傷心的運動會的主角。透過電影（雖然電影必須為宣傳納粹服務），全世界發現了這位了不起的、不可思議的田徑運動員。他奪得了四面金牌（100公尺、200公尺、跳遠及接力賽），等了48年後，才見到另一名摘取四個運動項目金牌的運動員，這就是1984年在洛杉磯奧運會上的卡爾·劉易士。唉！除了杰西·歐文斯外，第11屆奧運會只是納粹主義宣告戰爭實力的表演——希特勒將派出軍隊進攻全世界。在閉幕式期間，當奧林匹克旗幟帶到體育場外時，每個人都十分清楚：有人埋葬了和平。1940年奧運會（預定在東京舉辦）和1944年的奧運會都沒有舉行。

杰西·歐文斯，世紀運動員

此圖是杰西·歐文斯在200公尺起跑時的鏡頭。在奧運會前，他已六次打破或平世界紀錄*。這是一位非凡的天才運動員。他在家中十一個孩子中排行第十，他在美國南部的棉花園裏跑步度過他的青少年時代。

33

對奧運會的威脅

「火車頭」扎托倍克

捷克人扎托倍克在倫敦登上最高的10000公尺賽跑的領獎臺。第二名是法國的米蒙，第三名是瑞典的阿爾伯特森。這代表一個舊世紀的結束：自1912年以來，中長跑*與長跑*冠軍總是屬於芬蘭的。

對奧運會的威脅

奧運會在倫敦

第二次世界大戰之後，1948年在倫敦舉行的奧運會可說是抵抗強權的最好象徵。英國的首都被毀壞了。資金短缺，他們把運動員們安頓在有名的皇家空軍營地。然而如同國王喬治六世一樣，整個英國仍然熱中於奧運會，忠於體育運動的理想。可惜男爵古伯丁不能在英國大地上感受他創導的理想。戰爭之前，1937年，男爵死於日內瓦。由於這場戰爭，

人們又一次為死難者哭泣，即使是敵方的死難者也一樣，如朗在機槍前倒下……戰敗國日本及德國的運動員沒有參加這次比賽，蘇聯仍然是孤立的，也沒有參加。就好像1920年的安特衛普，奧運會第二次再生了。

人們發現了一個新的奇才，人們稱之為「人類的火車頭」，毋庸置疑，他將成為歷史上最佳跑步運動員之一，他是面帶笑容的捷克人，叫扎托倍克，他獲得10000公尺冠軍。獲得第二名的是一位精瘦的法國人阿蘭・米蒙，出身於阿爾及利亞的他本來是位咖啡館侍者。隨後，扎托倍克還奪得5000公尺的銀牌。

為抵制柏林奧運會而沒有出席的男爵古伯丁死於心臟病，享年74歲。幾天之後，依其遺願，將他的軀體火化。心臟則埋葬在奧林匹亞，人們在其上安置一簡單石碑，石碑上刻著他的生平。

布蘭克爾斯－科恩夫人

30歲，三個孩子的母親，弗蘭西納・布蘭克爾斯－科恩，人們給她的封號為「能飛的荷蘭女人」。她在1948年贏得了與歐文斯相類似的戰績：她獲得了100公尺、200公尺、80公尺跨欄及4×100公尺接力的冠軍。

35

對奧運會的威脅

運動會場上的緊張氣氛(1952–1964)

不顧冷戰，赫爾辛基頌揚友愛

運動員之間的友誼

赫爾辛基的5000公尺比賽是奧運會歷史上最美好的比賽之一。這兒，冠軍扎托倍克（左邊），與取得第二名的法國人米蒙手臂相挽愉快地交談並共享榮耀。

在這個冷戰中的世界裏，波羅的海的寧靜城市赫爾辛基於1952年7月提供了一塊和平的淨土。俄國人，當時已經成為蘇聯人，自從1912年以來第一次重新參加奧運會。日本與德國也重新參加了。運動員的人數創紀錄：共有5867名，他們來自69個國家。但在體育場上氣氛還是極度緊張的。東、西兩個集團

36

對奧運會的威脅

争奪世界強權的鬥爭也表現到運動會中。人們在體育比賽中看到這些思想意識的衝擊。然而赫爾辛基是希望所在，赫爾辛基奧運會證明了友愛能夠超越國籍。在衝刺的跑道上，我們看到受人尊敬的美國撐竿跳選手鮑勃‧理查茲慷慨地向他的競爭對手蘇聯人提出他的建議。

我們還看到銀牌得主米蒙被他的對手，捷克人扎托倍克挽在手臂中。10000 公尺的獲勝者扎托倍克又獲得了另外兩塊金牌，5000 公尺和馬拉松＊金牌。他年輕的妻子達娜則獲得標槍金牌。

爸爸布瓦特茨跳入游泳池

赫爾辛基的另一個歡樂時刻！讓成為法國第一位奧運會游泳冠軍。當讓剛剛取得 400 公尺冠軍時，他的父親布瓦特茨跳入水中，擁抱他的兒子，全世界的人都看到了這張照片。

37

對奧運會的威脅

庫斯伯特，澳大利亞的偶像

在奧運會之前，幾乎無人知曉金髮姑娘貝蒂·庫斯伯特，她在墨爾本獲得200公尺、100公尺以及4×100公尺接力賽冠軍之後，很快便成為澳大利亞觀眾的偶像（這兒是200公尺賽）。

38

對奧運會的威脅

在墨爾本的對峙

1956 年奧運會在地球的另一端澳大利亞的墨爾本舉行。原本都在夏季舉行的奧運會第一次在冬季舉行。運動會也反映了世界的不安，在第二次世界大戰之後，國與國之間的關係從來沒有像當時那樣緊張。因為蘇聯人在運動會前兩周派兵入侵匈牙利，因此蘇聯入場時氣氛是相當沈悶的。不可避免地，所有蘇聯參加的比賽都轉變為慘事。如蘇聯對匈牙利的一場水球*比賽變成流血的衝突。在體操領獎臺上，年輕的匈牙利選手凱利蒂獲悉她母親在布達佩斯巷戰中被打死的消息時，流著眼淚，恨恨地捏了第二名蘇聯人拉蒂尼娜的手。

體育精神重新獲得重視

奧林匹克的精神在動搖：體育運動難道不能夠超越國與國間的衝突？國際奧委會*主席布倫戴奇再次重申：「奧林匹克運動會是個人之間的比賽，不是國家之間的競賽。」當時馬錶顯示出它的重要地位。貝蒂·庫斯伯特，一位18歲的澳大利亞金髮姑娘，在取得短跑*項目的三面金牌後使她的國家興奮不已。在游泳項目中，澳大利亞運動員如羅絲和弗雷澤囊括了所有的金牌。在馬拉松*項目中，我們有必要提到阿蘭·米蒙。比賽前夕，他收到了一封電報，告訴他第一個孩子——女孩降生了，他給她取名為奧林比，因為最後他獲得了金牌，這是對這位幸運人的最好回報，因為在此之前人們以為他既無前途又無能耐。

如果說墨爾本運動會是在恐慌中開始的話，那麼運動會就是在歡樂活潑的氣氛中結束。閉幕式是運動員和年輕人的節目，沒有標誌，沒有旗幟，運動員自發地集合在跑道上。在墨爾本運動會之後，奧運會的閉幕儀式都在愉快輕鬆的氣氛中進行。

歐萊拉的授獎

花劍運動員克里斯蒂昂·歐萊拉在倫敦第一次獲得團體冠軍之後八年，摘下了他個人的第四面金牌。在法國，他是贏得了最多次冠軍的運動員：九次世界冠軍，六次奧運會冠軍。他的表兄弟也很出名：皮埃爾·歐萊拉是1952年和1964年奧運會馬術冠軍（障礙跳）。

39

對奧運會的威脅

平靜的羅馬

儘管處在非洲擺脫殖民統治期間，儘管美國與蘇聯的對話處在僵局中，1960年8月底的羅馬卻十分平靜。開幕前夕，羅馬教皇讓二十三世為5396名運動員祈福。運動員們聚集在聖－皮埃爾廣場上，當然人數比前幾屆更多。人們跳著、唱著、相互打趣，奧運村洋溢著「美滿生活」的氣氛。我們從電視中看到人們隨著美國自動電唱機傳出的歌聲搖擺起來，獲得200公尺冠軍的義大利人貝魯蒂則戴著墨鏡出現在節目中。本維努蒂在次中量級拳擊賽中獲勝。自行車運動員的成績也是光輝奪目的。然而法國人卻陰沉著臉，因

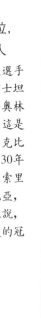

阿貝貝·比基拉，
第一位非洲人

1960年，衣索比亞選手比基拉在義大利君士坦丁堡凱旋門下奪得奧林匹克馬拉松*冠軍。這是第一位拿下奧林匹克比賽冠軍的非洲人。30年前，就在這兒，墨索里尼決定入侵衣索比亞，所以，對比基拉來說，這是一個意義深遠的冠軍。

40

對奧運會的威脅

為他們沒有獲得任何一面金牌。只有爵齊在澳大利亞人埃利奧特之後，獲得1500公尺第二。埃利奧特是新的世界紀錄*保持者。西亞獲得 200 公尺的第三名。他們都是十分出色的田徑運動員。

最美的和最傻的

多虧德國短跑運動員哈里，歐洲才第一次得到100公尺金牌。由於衣索比亞光腳運動員阿貝貝·比基拉奪得馬拉松*冠軍，非洲終於獲得歷史上第一面奧運會金牌。美國則出現兩位明星：18歲的拳擊手卡修斯·克雷，在傳奇人物穆罕默德·阿里出現之前，他已經是一名十分有力量的運動員，這次他取得次量級*拳擊冠軍；一位20歲的女子維瑪·魯道夫，由於她修長的身材，被人稱為「黑羚羊」，她贏得了三項短跑*冠軍：100公尺、200公尺和4×100公尺接力賽。

41

維瑪·魯道夫

出身在少數民族聚集區患有脊髓灰質炎的維瑪·魯道夫出生在一個有19個孩子的家庭中。她的兩腿肌肉萎縮，經過醫治和強化田徑訓練後得到恢復。

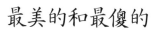

對奧運會的威脅

亞洲與奧運會

我們到了1964年。奧運會第一次在亞洲東京舉辦。當時日本是一個經濟與商業的強國，所以舉辦奧運會對日本來說是一個將功補過、取得國際諒解的大好機會。儘管眾多的非洲國家——剛剛獨立的17個年輕國家參加競賽，獎牌最多的仍然是美國人。比基拉在這個污染嚴重的城市裏又一次贏得馬拉松*冠軍，不過，這次他是穿著鞋子的。美國在長跑*、中長跑*、短跑*項目中占絕對優勢，在100公尺預賽中，鮑勃·海斯成為第一位在10秒之內跑完全程的運動員（9秒）。但是，他的這個時間未被認可，因為風速超過每秒2公尺的規定極限。在決賽中，他以10秒平了世界紀錄*。

使日本哭泣的
安東·基辛克

這是1964年奧運會上最悲慘的一幕。荷蘭的安東·基辛克剛剛把柔道王，日本人的偶像神長打倒在地，然後，這個國家便沉浸在悲慘之中。在東京，第二天是出殯日。

42

對奧運會的威脅

鮑勃・海斯旋風

給人印象深刻的肌肉組織：身高1.83公尺，體重86公斤，這在短跑運動中很少見。美國人鮑勃・海斯顯示出驚人的爆發力。這裏，我們看到他登上100公尺最高的領獎臺。隨後海斯轉到美國足球隊。

三面游泳金牌得主弗雷澤

全法國人的眼睛緊盯住她們的游泳選手卡翁，一位淡褐色頭髮、嬌小嫵媚、調皮淘氣的16歲女孩。她是100公尺仰泳的世界紀錄保持者。可惜在決賽中她輸給了一位美國運動員。18歲的美國運動員施特蘭德摘下了另外四面金牌，她被認為是一位極出色的游泳運動員。澳大利亞女運動員弗雷澤成功地獲得第三面金牌（100公尺自由泳），之後再也沒有人在游泳項目中締造了如此完美的成績。

當世界在驚惶不安時；當美國反對古巴時；當中國與蘇聯發生衝突時，蘇聯準備發射第一顆原子彈時，東京的奧運會在莊嚴、肅穆中慶祝新生。開幕式時，阪井吉則手持奧林匹克火炬進入體育場，這是新生的象徵。這位19歲的年輕人，於1945年8月6日出生於廣島。8月6日是第一顆原子彈使十多萬人喪生的日子。

43

對奧運會的威脅

墨西哥和「黑人威力」(1968)

比蒙，跳向地球之外

墨西哥運動會代表著田徑運動的兩個演變。首先是鮑勃·比蒙的一跳。人們把這一跳形容為「21世紀的一跳」。以及由邁克·福斯勃利發明的背滾式跳高技術。

適應高原環境

1968年10月，墨西哥，海拔2250公尺，人們暫時把世界各地的大學生騷動拋在腦後，人們只關心以下這些問題：如何在墨西哥高原稀薄的空氣中跑步、人體器官如何適應這個環境。科學家們還進行計算；運動員在高原田野上接受訓練。因為空氣的阻力很小，對短跑*及一些輕鬆的比賽有利。每個人都期待著這次高原比賽的結果：紀錄*還是悲劇? 這時是「電視衛星轉播」的初期階段，有衛星轉播的國家很快便將比賽實況傳送到電視觀眾眼前。

對奧運會的威脅

比蒙不可思議的一跳

宛如一場戲劇：10月18日，這個不尋常的日子，一半的馬拉松*選手剛越過終點線，一場可怕的暴風雨夾雜著閃電緊接著而來。是為了天才的誕生嗎？沒有人知道。美國運動員鮑勃·比蒙在這次比賽的跳遠項目中跳出8.9公尺，這是新的世界紀錄，上一次紀錄只有8.35公尺。真是不可思議！誰是帶翅膀的比蒙？他從未跳出很好的成績，所以認識他的人不多。但，這一天，他是非凡的：因為他的紀錄一直到1991年，也就是23年後，才被美國另一位運動員鮑威爾打破。

令人驚喜的科萊特·貝森

由合成鋪面*製成的新跑道使吉姆·哈耐斯在100公尺項目跑出10秒之內的成績。他在美國薩克拉門托舉行的錦標賽預賽中創造出令人驚奇的世界紀錄（9秒9）。 美國運動員阿·厄爾脫獲得了他自己的第四面奧運金牌，自1956年墨爾本奧運會以來，他一直是奧運會鐵餅項目的冠軍得主。在400公尺項目最後50公尺的衝刺時，法國人幾乎瘋了，因為科萊特·貝森奪得了金牌。勝利的榮耀落在這個22歲的金髮姑娘身上。她站在領獎臺上，喜悅的淚水奪眶而出，這一動人的畫面透過電視轉播到世界各地。

45

令人震驚的400公尺

貝森是繼奧斯特梅耶之後第二位法國的田徑女子金牌得主。後者曾在1948年奧運會中獲得鉛球與鐵餅兩項冠軍。

對奧運會的威脅

53

對奧運會的威脅

黑色的爭議

在 200 公尺領獎臺上湯米・史密斯在中間，約翰・卡洛斯在其後，他們揮動著黑拳頭，在美國「黑人的威力」已經引起人們的注意。長期被白人所排擠，為了這個獎，他們付出了代價。

「黑人的威力」

1968 年的奧運會還有一件引人注目的事情，即種族間的不平等。站在領獎臺上的新世界紀錄創造者，200公尺冠軍湯米・史密斯和第三名約翰・卡洛斯，當美國國歌在體育場上響起時，面對全世界，他們揮舞著拳頭表示他們的不滿。褲腳塞在黑靴中，穿著黑色T恤衫，當星條旗升起時，他們低下了頭。

在奧林匹克史上，人們用「黑人的威力」來表示黑人對美國星條旗的蔑視。當黑人領袖馬丁‧路德‧金被暗殺時，強烈的黑人意識第一次出現在奧運會上：它討回了黑人的平等權利。但是，史密斯和卡洛斯被趕出那次的奧運會。

為了替他們報仇，美國 400 公尺跑步運動員埃文斯和詹姆斯有了傑出的表現，他們打破了世界紀錄*。三位黑人運動員站在領獎臺上，表達了他們強烈不滿的情緒。奧運會成為集體或個人表達意識形態的場所。

神奇的卡斯娃斯卡

在布拉格悲慘事件後的兩個月，捷克運動員卡斯娃斯卡戰勝俄國人，取得她的第七面金牌（在二次奧運會中），她是一位非常優秀的女子體操運動員。這次是在高低槓上獲勝。

對奧運會的威脅

重要的場景

從慕尼黑到蒙特利爾
(1972–1976)

蘇聯與美國的比賽
(1980–1984)

從「醜聞」到夢想
(1988–1992)

從慕尼黑到蒙特利爾(1972–1976)

五洲團結

慕尼黑運動會的開幕式非常樸實。但是當四大洲四位冠軍：非洲的凱諾、美國的賴恩、澳大利亞的克萊頓和日本的神原手持奧林匹克火炬進場時，大會為之沸騰。

50

重要的場景

慕尼黑開創現代新紀元

1972年8月奧運會表現出一個新的規模，它預示了大型化與世界性將成為未來奧運會的主題。高度發達的通訊與商業開創了奧運會的新紀元。奧運會成為一個真正的產品「行銷」和一只巨大的共鳴箱。新聞界蜂湧而來：這是第一次，新聞記者幾乎與運動員一樣多。此外，多虧慕尼黑傳送了這些圖像：現代化的、繁榮的德國。為了表示對1936年奧運會的歉意，它建造了有43公里跑道的巨型綜合

運動館，一座 280 公尺高的電視塔，一座宏偉的、帶有未來派建築風格的體育場。使人驚訝的是懸掛在120000個座位上空、蜘蛛網般的網罩，毫無疑問這是最大的奧運會。

巨人施皮茨

這次奧運會出現了一位巨人：他名字是馬克・施皮茨，這位22歲的美國游泳運動員首先贏得了 200 公尺蝶泳的冠軍，同時刷新了他自己創下的世界紀錄*。在4×100公尺接力中他又建佳績。隨後他在 200 公尺泳中創造了另一個紀錄。施皮茨是史上最偉大的游泳運動員，他共獲得七面金牌，締造七項世界紀錄。在漫長的生涯中，施皮茨的一枝獨秀應該可以解釋為，一個超常規的速度頂峰。

在籃球比賽決賽中，出人意外的是，自1936年以來美國隊第一次被蘇聯隊打敗。

兩個「怪人」

1972年，他們兩位都打破了紀錄：施皮茨是游得最快的人。蘇聯舉重*運動員阿列克塞耶夫則是世界最強壯有力的人。

重要的場景

在慕尼黑震驚世界的恐怖事件之後，又有了爭論：是否還要再進行奧運會？慢慢地人們接受了國際奧委會*主席布倫戴奇所表明的觀點「奧運會必須繼續！」人們對奏國歌儀式和升旗儀式的保留感到遺憾。是否應該取消這些象徵愛國主義和沙文主義的最高權利標誌？

悲慘事件

九月四日星期一，整個德國在歡騰中，因為她美麗的女跳高選手梅法斯獲得了冠軍。她才16歲，是奧林匹克田徑比賽有史以來最年輕的女冠軍。可是第二天，發生了震驚世界的恐怖事件。奧林匹克村被警察團團圍住：凌晨4時30分，八名巴勒斯坦人突然闖入以色列代表團的駐地，抓走九名以色列選手作為人質，並且殺死了二人……

　　經過長達15個小時的談判後，這八名「黑

52

重要的場景

在嚴格的監視之下
恐怖事件之後不久，開始加強對奧林匹克選手村的監視。警察正在檢查一位要進入選手村的自行車選手。

九月」成員的巴勒斯坦人（「黑九月」是巴勒斯坦解放運動的一個強硬分支）用直升機把九名人質帶到鄰近軍用機場上，打算飛往目的地埃及。德國優秀射擊手與巴勒斯坦人一陣對射後造成15人喪生，包括一名警察，五名巴勒斯坦人，九名人質……

奧運會上的喪事

奧運會變得十分沉悶，12000名警察加強對奧運會的監視，人們互相懷疑，痛苦的回憶留在人們腦海中，這種威脅不斷地籠罩在這片和平的淨土上。人們不禁回憶起古代的奧運會：在古代運動會期間，交戰的雙方會很自覺地放下武器，宣布他們的停火，把旗子升上一半，然後決定何時重新再戰。運動會繼續進行，但這是怎樣的節目？第二天，人

肯亞運動員凱諾

這是凱諾邁過3000公尺越野障礙賽的一個場面。但是這位曾在墨西哥奧運會獲得1500公尺冠軍的肯亞人這次沒有再度獲勝。在這項比賽中芬蘭運動員瓦薩拉勉強贏了他。

53

重要的場景

們重見領獎儀式，分享維倫的喜悅，維倫獲得5000公尺與10000公尺兩項冠軍，他重新舉起芬蘭長跑*運動的火炬；分享德律脫的歡樂。德律脫是跨欄運動員*，他在110公尺高欄中取得了銀牌；還有自行車運動員摩累隆登臺領獎，他是1968年以後第二次取得奧林匹克冠軍；以及蘇聯短跑運動員瓦萊‧波茲……，但是人們的心再也不在領獎臺上了。

蒙特利爾，企業觀念

慕尼黑悲劇四年後，第21屆奧運會於1976年7月17日在蒙特利爾開幕。人們特別注意大會的安全：16000名警察、憲兵、士兵保護著運動員們。直升機在空中巡邏……但另外

一座無與倫比的綜合體育館

前景是蒙特利爾體育場，左邊，高塔底下是游泳池，後面是賽車場，場地的布置委託法國建築師羅歌‧泰立貝赫脫完成。場地差一點無法按時竣工，建築學對運動場的興建也有功勞。

54

重要的場景

一些問題出現了：首先，除了塞內加爾與象牙海岸外，其它非洲國家決定抵制奧運會。其次，耗費巨資興建的體育場居然差點無法如期完工，蒙特利爾市深怕因此負債，但出乎意料，運動會為該市帶來了利潤。這是第一次，奧運會與金錢發生了密切的關係。人們發覺奧運會還可以成為一個很好的商業交易。正如以後所看到的那樣，人們愈來愈善於利用這個機會。

氣沖沖的
居伊·德律脫

繼 1972 年得到銀牌之後，1976 年法國的居伊·德律脫在 110 公尺跨欄中奪取金牌。圖中，居伊·德律脫已經處在領先位置，其後是古巴的卡薩奈斯和墨西哥奧運會金牌得主美國的達文波特。他的成績為 13 秒 30/100，他的這面金牌使成績很差的法國代表團鬆了一口氣。

55

重要的場景

水神恩德爾

1976年，東德運動員恩德爾在此奪得 100 公尺游泳金牌，與其他運動員相比，她在出發時的衝力給人留下深刻的印象。

我們可能為一些非洲傑出運動員未能參加蒙特利爾奧運會感到惋惜：烏干達運動員阿琪－布阿是 400 公尺跨欄世界紀錄*保持者，人們期待他來對付美國的摩西，也希望坦尚尼亞的布阿依在 1500 公尺中與紐西蘭運動員瓦爾克爾一爭高低。由於紐西蘭運動員去支持種族隔離的南非參加一場橄欖球賽，非洲國家因而要求將紐西蘭自奧運會中除名。因為未被採納，所以 16 個非洲國家集體抵制本屆奧運會。

56

重要的場景

興奮劑的傳聞

很快，另一個問題出現了：興奮劑*的疑問。興奮劑，體育的癌症，它不停地蔓延，正如人們在以後所看到的那樣。10000 公尺與 5000 公尺冠軍的芬蘭運動員維倫被懷疑使用一種輸血方法，這種方法把含氧血液注射到人體以增加紅血球，增加人的活力。

來自東德的恩德爾令人難忘。她幾乎取得了游泳項目中的全部冠軍，十項比賽中有九項獲勝，但，人們不會對她粗啞的聲音感到奇怪嗎？人們自問：人口不多的東德如何能培養出這麼多優秀的運動員？為什麼女運動員們會如此強壯，而男運動員並不強壯。為了檢查是否使用了合成代謝品*（測試是在蒙特利爾郊區的一個實驗室中進行的）所作的第一批檢查，結果卻都呈陰性反應。可是，不久之後，柏林圍牆倒塌了，一些東德運動員證明：為了維護祖國的榮譽，他們的教練強迫他們服用興奮劑。

小仙女科馬內奇

在歷史上這是第一次，古巴人胡安托雷納取得了400公尺和800公尺兩項冠軍。繼在慕尼黑拿到銀牌後，法國人德律脫在蒙特利爾獲得金牌，這是奧運史上第一位在跨欄比賽中勝了美國人的歐洲人。年輕體操運動員的優美動作給我們留下深刻的印象，科馬內奇，活潑可愛的羅馬尼亞人，當時只有14歲，在體操項目中，她七次獲得滿分（10分），共獲得三面金牌，取得了卓越的成就。在聚光燈下，科馬內奇成為「蒙特利爾小仙女」。而這次有著不完美開始的奧運會就在她的魅力中結束了。

蒙特利爾奧運會前一年，國際奧委會*主席易人：基拉寧，他看上去不怎麼刻板，說實在話，隨著奧運會的成功，國際奧委會主席已經成為對政治與經濟界有影響力的著名人士。接下來的主席是：希臘的比克拉斯(1894-1896)，法國的古伯丁(1896-1925)，比利時的匹耶－拉圖爾(1925-1942)，瑞典的埃德斯特隆(1942-1952)，美國的布倫戴奇(1952-1972)，愛爾蘭的基拉寧(1972-1980)。目前的執行主席是西班牙的薩馬蘭奇。

女神科馬內奇

「體操家、舞蹈家、窈窕姑娘，我們不知道如何用言語來形容這位奧林匹克女神」，在科馬內奇在1976年奧運會授獎儀式之後的第二天，著名的作家安東尼·布隆丹在體育時報上這樣報導她。這兒，她在做自由體操。

57

重要的場景

蘇聯與美國的比賽(1980–1984)

莫斯科的政治運動會

1979年末，在蘇聯軍隊入侵阿富汗之後，美國總統卡特決定抵制1980年莫斯科奧運會。奧運會再一次落在政治家手中，成為威懾的工具，而運動員成為俘虜。國際奧委會*不同意：它反對任何政治對體育運動的干涉。但是面對美國強權，國際奧委會能做些什麼呢？7月19日，開幕式在莊嚴的列寧體育場舉行，場面顯得有點悲哀，布里茲涅夫在主席臺上

蘇聯想樹立威望
國際奧委會*主席基拉寧斬釘截鐵地說「奧運會不屬於某一個國家，她是全世界所共有的」，然而美國人不予理睬，在列寧體育場上，氣氛十分緊張，唯有莫斯科奧運會的吉祥物米什卡熊面帶笑容。

58

重要的場景

就坐，62個國家缺席，其中有美國、加拿大、中國。參加的90個國家中，大部份是歐洲國家。

奧運會的精神被扭曲了，民族主義加劇。為了討好蘇聯人，他們不惜作弊，他們否定了最有可能取勝的三級跳遠選手奧利維亞的正確跳法。他們還對外國運動員喝倒采，如對波蘭撐竿跳高項目中取勝的運動員卡齊阿維哥發出噓聲，這哪裏是公平的競賽呢？

科爾與奧維特決鬥

英國的選手科爾(No. 279)在中長跑*800公尺項目中占了上風，使同是英國人的800公尺世界紀錄創造者奧維特(No. 254)失去了金牌。但在1500公尺比賽中，奧維特報了仇，他戰勝了科爾。

又一次興奮劑陰影

蘇聯想贏得所有的勝利，這從他的優秀游泳運動員薩爾尼科夫的形象中可見一斑，然而一些民主國家的運動員也同樣登上了領獎臺：東德女運動員克勞斯是第一位在55秒內游完100公尺的女性。儘管科馬內奇失去了

重要的場景

在莫斯科運動會的晚上，人們自問：得獎真的很重要嗎？抵制者有錯嗎？田徑運動由於美國人的抵制而遜色，很多比賽由於民族主義者的舞弊而走了樣，因為沒有一位國際田徑協會官員被授權來檢查比賽規則。在體操方面，婦女的時代已經結束，科馬內奇不再風光了，體操的未來是少女的天下，而不是婦女。

全能比賽*冠軍頭銜，羅馬尼亞體操運動員們仍成績突出。很幸運，英國運動員在田徑項目中取得了輝煌的成就，蘇格蘭短跑運動員韋爾斯的勝利；科爾和奧維特在1500公尺與800公尺上的決賽都贏了金牌。當然也不會忘記十項全能運動員湯姆遜的惱恨。法國擊劍*隊摘得了四面金牌。然而駭人聽聞的興奮劑*始終籠罩在莫斯科上空。這些金牌得主可能使用了睾酮*——一種新的興奮劑。

富庶的加利福尼亞

52年之後，1984年第23屆奧運會又回到了洛杉磯的紀念體育場，但面目全非了：在自由企業與美國資本主義合作之下，奧運會首次由一個私人委員會組織承辦，若干跨國大公司出資，而不是城市和國家。例如，麥當勞建了游泳池；可口可樂廣告到處可見，與蒙特利爾一樣。但這一次獲利更豐厚：淨賺2億3千2百萬美元。

歡迎到美國來

1984年洛杉磯奧運會的開幕式中，表演者在紀念體育場的草坪上排出一個大字"Welcome"，表示歡迎運動員的到來，與52年前的表演節目一樣。

60

重要的場景

瑪麗‧盧雷頓!

瑪麗‧盧雷頓和科馬內奇同在羅馬尼亞教練貝朗‧卡羅里的指導下成為奧運會冠軍。瑪麗‧盧雷頓成為此次奧運會的大紅人,這是她在平衡木*上的表演。多虧了她,體操運動在美國才得以迅速發展。

奧運會成為商業交易,活動範圍不斷擴大。美國ABC電視網投下2億2千5百萬美元向國際奧委會買斷了獨家轉播此次奧運會的權利,從此之後,價格不斷上揚,NBC則以3億美元買下了1988年漢城奧運會的轉播權,1992年巴塞隆那為4億1百萬美元,1996年亞特蘭大為4億5千6百萬美元,價格越來越高,而1960年只有500000美元。在運動會上,體育戰績也走上商業化了。

洛杉磯奧運會表現了強烈的沙文主義。不管是哪一場比賽,觀眾們以自私主人的面目出現,他們對美國運動員報以高度熱情,而無視他國運動員的存在。ABC電視臺只拍攝有美國運動員出場以及代表美國獲勝的星條旗迎風招展的場面。薩馬蘭奇不得不出面干涉,他寫了一封信給電視臺,明確表示運動會該頌揚公平競爭。

61

重要的場景

法國隊勝利了

法國隊在與巴西隊的比賽中獲勝了，法國隊贏得了足球比賽的冠軍，上圖中間是庫爾勃。下圖是皮埃爾·坎尼撐竿跳高得到冠軍的一個鏡頭，他為法國贏得了第六面田徑金牌。擊劍運動員菲利普·布瓦斯在本屆運動會獲勝，而讓一弗朗塞·拉摩在1988年奧運會上建功。

東歐國家的抵制

第一面洛杉磯奧運會的金牌落在一位中國射擊運動員的手中。這是一個慶祝中國重返奧林匹克的象徵，也預示著中國將成為體育強國。以蘇聯與東德為首的大部分東歐國家卻抵制了洛杉磯奧運會，以示對美國不參加1980年莫斯科奧運會的報復。與此相反，非洲卻有出色表現，摩洛哥女運動員埃爾·努脫娃基爾在 400 公尺跨欄比賽中成為非洲大陸第一位奧林匹克女子冠軍，同時也為她的同胞們打開了道路。在1972年取得奧運會女子跳高冠軍後的12年，德國女運動員梅法斯重新奪得金牌，實現了她兩度奪魁的願望。

重要的場景

卡爾·劉易士踏著歐文斯的足跡

本次奧運會的榮耀重新落到卡爾·劉易士身上，他的名字被記錄在四項比賽的獲獎名單上，與他的同胞杰西·歐文斯在1936年所取得的勝利一樣。他身高1.88公尺，體重82公斤，像雕像一樣的身軀。他的大跨步給人充

滿力量的感覺，同時他又像貓一樣靈巧。劉易士首先以9秒99在100公尺項目上奪魁；然後進行跳遠比賽，第一次試跳就跳出了8.54公尺，這個成績已足夠讓他獲勝；他又參加了200公尺比賽，以19秒80/100的成績獲勝。最後是4×100公尺接力賽，他接最後一棒，整個體育場都為之沸騰了！當然，在游泳項目中，加拿大運動員鮑曼，也獲得了同樣的榮耀——四面奧林匹克金牌。不過自施皮茨之後，這幾乎是常有的事了，除了卡爾‧劉易士之外，出現了另一個傳奇人物，邁克爾‧喬丹。他在與芝加哥公牛隊簽約之前，就與美國籃球隊一起奪得他的第一面金牌。

划船運動，大眾還不太熟悉的體育運動。然而它也是一項對體力要求極高的運動。芬蘭巨人佩蒂‧卡爾畢寧繼1976、1980年之後第三次獲得單賽艇金牌。

卡爾‧劉易士的輝煌成績

對卡爾‧劉易士而言，1984年是他的頂峰，在取得100公尺、200公尺及跳遠冠軍之後，劉易士接過凱文‧史密斯手中的接力棒第一個衝過終點，與杰西‧歐文斯一樣獲得了四面奧運金牌。

63

重要的場景

從「醜聞」到夢想(1988–1992)

重要的場景

使人吃驚的飛人大戰

100公尺決賽，班・強生十分輕鬆地擊敗了劉易士和英國的克里斯蒂，可是在1984年強生只不過是一個成績平平的短跑運動員。

漢城：班・強生的醜聞

儘管奧運會在一個有爭議的國家中舉辦，這次沒有任何國家抵制。1988年在韓國的漢城奧運會再現了國際奧委會*所期待的團結。開幕前幾個星期，漢城曾爆發一場激烈的大學生遊行。所以國際奧委會*向漢城要求奧運會必須在無衝突的情況下進行。果真漢城奧運會的醜聞不是政治的，而是來自運動員，班・強生的興奮劑醜事。

9月24日，加拿大短跑選手班‧強生跑在卡爾‧劉易士的前面，贏得了100公尺奧運會冠軍，成績為9秒79。這個肌肉發達的運動員創造了令人難以置信的世界紀錄*。但是在9月26日晚上，國際奧委會傳喚了他，進行反合成代謝品*檢查，與所有勝利者一樣，一到檢查站他就做尿液檢驗，結果呈陽性。顯然，班‧強生比賽前注射了興奮劑*。幾秒鐘之後，消息傳遍了整個地球，這是醜聞，興奮劑問題從沒有像現在這樣嚴重，因為直到現在為止，很少有運動員的檢查結果是呈「陽性」的。因為這其中涉及到一些著名的運動員，班‧強生是一例。事實上，在這次運動會上有9名運動員被正式取消資格，人們懷疑他們中有50%注射了興奮劑……

孫基禎手持火炬進入漢城體育場，這位瘦小的老人已76歲高齡，他從草坪上14000名運動員的面前跑過。他曾是1936年馬拉松冠軍得主，可是那時名字不是他自己的，因為那時日本侵占了他的祖國。1988年9月17日星期六開幕日這天，韓國從陰影中走出來，本來人們認為奧運會不可能在一個分裂的國家中舉行，所以漢城奧運會是一個和解的預兆。

奧托的功績

1988年，東德運動員克莉斯汀‧奧托贏得了六面金牌，因而她成為夏季奧運會金牌數最多的婦女，她的成就剛剛超過曾獲得五次奧運會冠軍的美國游泳選手馬蒂‧比翁迪。

65

重要的場景

由於奧運會的快速發展，國際奧委會*的商業機構於洛杉磯奧運會後的第二天重建。1985年國際奧委會把奧運會的行銷交給由豪斯特·戴斯樂，當時Adidas公司的總裁，創辦的管理學會，由他們規定產品的類別。國際奧委會保證將產品的專利權給主辦單位，在漢城該機構獲得了豐富的收益。作為亞特蘭大奧林匹克計劃的主辦者，他必須投資1.8億至2.5億法郎。

強化檢查

班·強生從獲獎名單中除名，並取消他的世界紀錄*，劉易士取代了強生的位置，成為奧運會100公尺的新冠軍，因為他還取得了跳遠冠軍，所以這是他的第六面金牌，他是本世紀最有成就的運動員之一。

　　班·強生事件導致人們對其他一些成績的疑惑。如美國女運動員格里菲斯－喬英納所創造的超常成績，她很輕鬆地取得了100公尺和200公尺冠軍，還分別以10秒49和21秒34成績創造這二個項目的世界紀錄，這是很優秀的成績，毫無疑問地，在很長時間內將無人可以超越。人們對她的嫂子喬英納－科西的成績也有爭議，她是跳遠和七項全能*冠軍。

66

跳水冠軍洛加尼斯
他是1984年奧運會跳板與高臺跳水*兩項的冠軍。1988年在漢城他再次奪魁。他的跳水姿勢在美國很出名。在美國跳水運動也很普及。

重要的場景

「班・強生事件」最終引起國際奧委會[*]的重視，國際奧委會決心與興奮劑[*]進行抗爭。擴大禁用藥品的範圍；加強比賽期間的檢查；突擊檢查[*]制度也已制定；對犯錯運動員的懲罰展開了。如田徑，對舞弊者的處理已經延遲了四年。在和平環境中，奧林匹克運動已經沒有政治威脅，因此，反興奮劑將勢必成為國際奧委會的首要任務。

帆船賽

颱風級的戴羅夫和赫奈德，以及470級的佩波奈德和皮勞，他們是1988年奧林匹克帆船賽[*]冠軍。在漢城奧運會上，法國共獲得六面金牌：讓－法蘭西斯・拉摩（擊劍），法國擊劍隊（團體），皮埃爾・杜蘭德（障礙賽）以及麥克・亞歷山大（柔道）。

意識形態衝突的結束

漢城奧運會代表著意識形態衝突的結束，美國與蘇聯之爭也不存在了。從 1952 年以來，這些衝突使奧運會的聲譽受損。從1972年起民主德國參加奧運會，到1989年柏林圍牆推倒之前，漢城奧運會剛好是最後一次。

67

重要的場景

一座雄偉的體育場

奧林匹克綜合體育場位於巴塞隆納附近的小山蒙特尤克上，從城裏出發，經過很長的臺階，可直通體育場、體育館以及游泳池，每個晚上這兒都在歡慶。

68

重要的場景

世界在演變中

1992 年第 25 屆巴塞隆納奧運會適逢世界的多變：蘇聯解體、南斯拉夫分裂、古巴重返奧運會、中國在很多項目中展現實力、德國統一，世界在變化。然而，100 年之後的奧運會符合古伯丁的構想嗎？巴塞隆納奧運會場地過於壯麗的爭議，以及 10300 名運動員，172 個國家的運動會是否規模過於膨脹了？已走向商業化的「奧林匹克機器」有時已失去了「友誼」的意義，也許現在應該考慮減少運動員，取消某些項目……

「夢幻球隊」的參加

在強調與興奮劑*對抗的意志與決心之後,國際奧委會又向前邁出了一步。以前不允許職業運動員參加奧運會,洛杉磯奧運開始允許職業球員參加足球賽,然後是漢城的網球,那時德國女運動員斯戴芬‧葛拉芙成為奧林匹克冠軍,巴塞隆納是籃球隊,亞特蘭大則允許自行車職業運動員參加。

巴塞隆納奧運會突出了多國性也強調了經濟性。門票價格雖高,但對國際奧委會*而言仍然是有收益的。國際奧委會的收益從1988年的2億5千萬法郎提高到1992年的10億法郎。主要來源是電視轉播的權利金與商業的贊助。

職業球隊的表演

「魔術強生」(15號)攔住克魯特‧弗倫考維奇的投籃(穿紅背心的),帕特里克‧尤恩在那裏掩護。NBA*的高超球技:在決賽中夢幻球隊以117比85擊敗了歐洲最好的球隊,克羅埃西亞隊。

69

重要的場景

以美國大學生代表隊身份，NBA*球隊被批准參加奧林匹克運動會。對奧運會來說這是一個極好的機會。從今以後，奧運會能聚集所有最優秀的運動員而不管他們是什麼身份（業餘的還是職業的）。這不就是希臘的理想嗎？不管這些運動員是否是億萬富翁，他們都來參加奧運會。

被譽為「夢幻球隊」的這支隊伍包括了喬丹、皮彭、博德、巴克利和洛杉磯湖人隊的魔術強生。他們是全球五位最佳的籃球運動員，他們打敗了所有的球隊，決賽時亦打敗了克羅埃西亞隊。運動史上從來沒有過這樣的成績，從來沒有過這樣絕對的優勢，但又那樣地受人尊重欽佩：每場比賽結束，失敗者還去感謝他們，感謝他們所作的精彩表演。

劉易士，
金牌收集者

卡爾‧劉易士在1991年東京世界錦標賽上輸給了他的對手邁克‧鮑威爾。鮑威爾以8.95公尺的成績刷新了鮑勃‧比蒙的跳遠世界紀錄。卡爾‧劉易士在巴塞隆納報了鮑威爾一箭之仇。劉易士奪得了第八面金牌。人們稱其為「卡爾王」。

70

重要的場景

佩雷克
點燃了400公尺

繼貝森奪冠之後，24歲的佩雷克於1992年奧運會奪得女子400公尺冠軍，法國的第三位女子田徑女子金牌得主。法國在巴塞隆納得到八面金牌。

卡爾・劉易士總是有份

在游泳方面，俄國人亞歷山大・波波夫成為衝刺王。同時，一位漂亮的匈牙利女運動員科瑞斯蒂娜・埃格爾斯齊在漢城奧運會時就已是冠軍，那時她才14歲，她在巴塞隆納獲得三面金牌。她的夢想是在1996年亞特蘭大奧運會上第三次拿到金牌，而她也成功地拿到了200公尺仰泳的金牌。

在田徑方面：卡爾・劉易士總是在場，他達到了預期目標。儘管100公尺比賽他輸給了英國老將克里斯蒂（31歲），但他獲得了另外兩面金牌，劉易士已摘取了八面金牌。在1996亞特蘭大奧運會上他又奪得了跳遠項目的金牌。

1996 年在亞特蘭大舉行的奧運會適逢奧運會100周年。1928年以來一直是國際奧委會主要資助商的可口可樂，這次贏得了奧運會的廣告權。運動員大量湧入奧運會分布在美國各個城市的比賽場地。對舉辦奧運會的城市來說，奧運會將成為城市的巨大窗口，舉辦奧運會還能帶來經濟發展。2000年的奧運會將由澳大利亞的雪梨舉辦。

重要的場景

冬季奧運會

產生與發展
(1924–1960)

啟里的年代
(1964–1972)

現代冬季奧運會
(1976–1994)

產生與發展(1924-1960)

為什麼沒有冬季運動會?

南－北對峙

自1901年以來,斯堪地那維亞半島的國家定期舉辦北歐運動會。由於國際冬季運動週的成功,開始確認了冬季奧運會。在這次運動會上,人們發明了連橇(圖中是瑞士隊)。國際滑雪總會也由此誕生了。

自1896年誕生奧運會*以來,一直到1924年人們慶祝它第七屆夏季運動會時,還沒有真正的冬季奧運會,這是為什麼呢?因為斯堪地那維亞人怕失去他們在比賽中所占的絕對優勢,其實,在芬蘭、挪威、瑞典,滑雪不是一項運動而是一種生活方式,此外,在那時只有北歐式滑雪*項目,這些北歐國家,在北歐式滑雪項目比賽中總是成績輝煌。稱作「阿爾卑斯式*」的直滑降,後來才成為冬季奧運會的正式項目。儘管遲疑不決,「國際冬季運動週」於1924年1月底還是在法國的沙木尼白朗峰山腳下舉行。北歐人征服了沙木尼人,冬季運動會以新的氣勢,新的規模開始了。

74

冬季奧運會

豪克，第一位滑雪王

繼精彩的50公里比賽奪魁以後，又在18公里北歐式結合運動*的比賽中取勝，接著又在雪橇跳躍*滑雪項目中獲第三名，挪威人豪克成為第一位冬季奧運會的冠軍。他在滑雪板底部塗蠟，讓不用這個方法的法國人十分驚奇。芬蘭運動員圖雷皮希在競速滑冰*比賽中贏得了五面金牌。挪威運動員在跳躍滑雪項目的表現使人讚嘆不已，「飛出」了五十多公尺。因為法國不熟悉冰上曲棍球運動，而在北美，它卻是一項民族運動。所以加拿大以30:0大勝法國。決賽中加拿大以3:1勝了美國隊。

國際奧委會主席古伯丁自問：在進行夏季奧運會同時再創辦冬季奧運會是否適宜？他怕這樣規模會過於龐大，但他還是同意在夏季奧運會上可以進行花式滑冰表演。但是，因為缺乏滑冰場，在雅典、巴黎、聖路易都沒有滑冰表演。直到1908年在倫敦舉行的夏季奧運會上，人們才有機會一睹奧運會花式滑冰冠軍的風采，瑞典運動員沙爾孝神采奕奕地登上冠軍領獎臺。由於斯堪地那維亞人想保全他們的北歐運動會，因此1912年在斯德哥爾摩舉行的夏季奧運會上，禁止進行所有冬季項目比賽。但在1920年安特衛普舉辦的奧運會上，已開始了冰上曲棍球的比賽，就在這些接連不斷的躊躇中產生了舉行真正冬季奧運會的念頭。

斯堪地那維亞的傳統

在1924年運動會上，斯堪地那維亞人在長距離滑雪*比賽項目上占有絕對優勢。圖中是瑞典運動員佩爾松，法國軍事滑雪巡邏隊代表法國參加比賽。阿爾卑鞋是後來六角形滑雪鞋的前身。

冬季奧運會

在奧運會上光彩奪目的
松婭・赫尼

赫尼，挪威人，花式滑冰皇后。第一次在沙木尼參加比賽時就脫穎而出，可惜那時只有12歲，因為太年輕而沒有被編入賽程中，後來她在連續三屆奧運會[*]上取得了輝煌成績。1928年，赫尼在瑞士聞名的聖莫里茨贏得了當地富裕觀眾的青睞。美麗、和藹的運動員、芭蕾舞演員兼技術員，赫尼贏得了金牌，成為「冰上小仙女」。

四年之後，在美國普拉西德湖，已成為真正明星的赫尼又一次令人敬服。最後一次是在德國加米施－帕騰基興運動會上，在取得金牌後，她為自己的運動生涯劃上了圓滿的句號。在挪威，她享有很高聲譽，後來她進了好萊塢，成為一名嫵媚的女明星。1936年的加米施－帕騰基興是一次令人傷心的運動會，希特勒在致開幕詞時宣揚納粹主義降臨人間，當然加米施－帕騰基興運動會也有它積極的一面。阿爾卑斯式滑雪[*]項目第一次出現在運動會上，這是一種直滑降與曲道的綜合比賽。挪威運動員魯特在摘得雪橇跳躍[*]金牌後，又奪得了該項比賽的冠軍。

冰上仙女

在冬季奧運會[*]上取得三連冠的松婭・赫尼名揚四海。法國運動員諾利和布隆耐是1928年和1932年的奧運會冠軍。他們都是世界知名的運動員。然而他們卻因戰爭而中斷體育運動。

76

冬季奧運會

阿爾卑斯式滑雪運動的大發展

第二次世界大戰之後,和平又回到了運動會。1948 年在法國聖莫里茨舉辦的第五屆冬季奧運會上,阿爾卑斯式滑雪運動有了突飛猛進的發展:一名19歲勇敢的法國年輕人奧勒爾,人們稱他為「瘋小子」,他摘取了精彩的直滑降賽冠軍,那時的平均速度是50–60公里／小時,以後更達到80–90公里／小時。相反地,在1952年挪威奧斯陸運動會上人們歡慶北歐式滑雪*,100000 餘名觀眾匯集在聞名的Holmen Kollen跳板四周。

為了希特勒的榮譽
1936年,德國女運動員克蘭茨取得曲道項目冠軍,儘管在下滑時摔了一跤,但她還是奪得了綜合項目的冠軍,她是滑雪運動中獎牌最多的女冠軍。在背景中懸掛的卐形旗明目張膽地吹噓希特勒制度。

冬季奧運會

冬季奧運會

現代英雄塞臘

塞臘的柔軟姿勢，很像
當今運動員的風格。他
的形象在電視上十分突
出。他在歌聲中向前衝
滑，23歲那年，由於他
是職業選手而被取消奧
運會參賽資格。

蘇聯的重返

重返運動場後，蘇聯就參加了在義大利科爾
蒂納丹舉辦的1956年冬季奧運會，這屆運動
會體現了全球性，使人震驚的是在長距離滑
雪*項目4×10公里接力賽中，蘇聯人擊敗了
無懈可擊的挪威人。他們在重新建樹之後，
成為冬季奧運會的一個重要的國家。

奧地利運動員塞臘的授獎儀式也是令人
記憶猶新的。他才20歲，已是曲道、大曲道
和直滑降*三大項冠軍。他非常生氣蓬勃，這
時已經看得出他是現代的，非常優秀的滑雪
運動員。

法國顯示他們的實力

斯闊谷是印第安人山谷，也稱鬼谷，位於美國舊金山200公里遠的地方，1960年冬季奧運會在這裏舉行，法國派出一支空前強大的代表隊，既有個性又有魅力，即使在目前法國滑雪運動中仍有借鑒之處。維阿爾奈、邦里埃、杜維拉赫和他們的教練員博內，這些法國人使用新的金屬滑雪板。維阿爾奈發明了一種稱為「雞蛋」式的革新姿勢。他獲得直滑降比賽冠軍。同是法國人的佩里拉泰則為第三名。

三色旗的功效

美國斯闊谷運動會上，法國人沉浸在節日之中：左邊是直滑降冠軍維阿爾奈，中間德國運動員拉尼為銀牌得主，佩里拉泰獲得銅牌。

冬季奧運會

啟里的年代(1964-1972)

在領獎臺上的戈伊脫希爾姐妹

繼法國維阿爾奈之後，在奧地利因斯布魯克舉行的1964年冬季奧運會上，法國仍然展現出它的絕對優勢。來自法國瓦爾第塞赫的兩姐妹為運動會創造了歡樂的節日氣氛：姐姐，克·戈伊脫希爾（19歲）摘下了曲道*冠軍；妹妹，瑪·戈伊脫希爾（18歲）獲得第二名。在大曲道項目中邦里埃為法國奪得了一面金牌。在女子大曲道賽中，戈伊脫希爾姐妹再一次為法國建立了功績，然而這一次排名卻相反：妹妹榮登金榜，姐姐屈居亞軍。

啟里的加冕禮

1968年冬季奧運會在法國格勒諾勃舉行。戴高樂將軍致開幕詞，由啟里點燃了奧林匹克聖火。在1966年智利世界錦標賽上，他滑在同胞佩里拉泰前面取得了冠軍。隨後，當他贏了大曲道冠軍時，女子曲道冠軍，美麗的瑪·戈伊脫希爾衝過去擁抱他。剩下的是第三項比賽：曲道賽。比賽從下午開始，霧越來越濃，他的對手奧地利運動員施賴茲第一個到達終點，然而當裁判委員會從所拍攝的片子中斷定施賴茲兩次沒有穿門後，判定啟里為冠軍。就這樣他取得了第三面金牌。之後他仍然是奧運會與世界盃的雙料冠軍。

1968年法國格勒諾勃的冬季奧運會給法國政府提供了極好的機會，政府以此為契機發動了一場大規模的建設活動：改建冬季運動站使之更現代化。龐大的工程在格勒諾勃以及其他一些比賽場地上開展了：香伍斯、奧脫蘭、阿爾帕圖埃……以舉辦運動會為動力，大規模平整土地的舉動如今恐怕再也不會有了。

80

冬季奧運會

如同美麗的美國花式滑冰皇后弗萊明一樣，他也許將是奧運會史上最偉大的運動員（見p. 82）。

（見p. 82）。

人們稱他為「奇才」

人們對啟里的沉著冷靜、鎮定自若、極端精確的心理與技術感到震驚。圖中是他在曲道賽中的鏡頭，儘管他出生在巴黎區，作為瓦爾第塞赫之子，他為薩瓦區贏得了榮譽。雖然後來成了商人，他仍然是1992年阿爾伯特城冬季奧運會的關鍵人物。

81

冬季奧運會

文靜美麗的弗萊明

由於這位年輕美國姑娘的出色技藝，花式滑冰在1968年有了很大的發展。在技術上她六次獲得5.9分，在藝術上九次獲得5.9分，弗萊明成為一位明星，如今她仍然在滑冰場上表演。

冬季奧運會

剛剛到達札幌，國際奧委會*主席，布倫戴奇就指責阿爾卑斯山滑雪運動員們是準職業選手。自格勒諾勃不盡人意事件後，呼聲最高的運動員施賴茲與布倫戴奇開展激烈的爭論。之後，施賴茲被取消了資格，奧運會便在一片議論聲中開幕了。然而札幌冬季奧運會比格勒諾勃冬季奧運會更有意義：一個重要的轉變開始了。

一個時代的結束

1972年在日本札幌，面對天皇，日本人出盡風頭，他們在雪橇跳躍*賽中奪得了三面金牌。啟里時代漸漸地結束了。由於他參加了世界職業錦標賽，法國隊因為他的缺席成績很不理想，僅在女子曲道*項目中獲一銀、一銅。

克拉曼向前衝滑

1976 年，在因斯布魯克（奧地利東部城市）英國瀟灑的競速滑冰運動員柯里雖然奪得了金牌，但他並未欣喜若狂。在奧地利，直滑降是比賽的重頭戲。四年之前的冠軍瑞士運動員班納德‧羅西似乎是無人能戰勝的，然而22歲的奧地利選手克拉曼以他伐木工的體魄、鋼鐵般的意志在賽場上獨領風騷，在歡樂的人群前他奪得了金牌。冬季奧運會從來沒有像今天那樣熱鬧。那樣多的觀眾，運動會組織得有條不紊。德國女運動員密特梅厄在直滑降與曲道兩項比賽中摘金。

奧地利在直滑降賽中稱霸

克拉曼起初是一名跑步運動員。後來他專練直滑降，70年代末他確立了絕對的霸主地位。他奪得25面金牌。

83

冬季奧運會

海登的豐功偉績

1980 年在美國普拉西德湖舉行的冬季奧運會上，醫科大學學生艾力克·海登成績光彩奪目。這位年輕的美國人囊括了競速滑冰*項目中從 500 公尺到 10000 公尺五個比賽的全部冠軍。是什麼東西使人們忘卻了美蘇間的緊張局面？就在一個月前，美國總統卡特才要求取消莫斯科的夏季奧運會。儘管美國隊打敗了不可戰勝的蘇聯冰上曲棍球隊，但著名的雙人花式滑冰運動員羅德尼娜和乍德薩夫又一次為蘇聯贏得了奧林匹克冠軍。

薩拉耶佛的「和平」

薩拉耶佛，長期以來它是前南斯拉夫的衝突中心，它要如何舉辦1984年第14屆冬季奧運會？運動會在和平與寧靜的氣氛中舉行，一切很順利，在這屆運動會上，英國的雙人冰上舞蹈*托爾維爾和狄恩九次獲得滿分六分，場上的歡呼聲已經到了狂熱的程度。另一個精彩場面是東德卓越的女子滑冰運動員維特的表演，她18歲，開朗的性格，嫵媚的體型，她贏得了冰上運動的勝利。這是多麼鮮明的對照：一位是布隆娜，又刺激又性感的女運動員，她代表的是一個「純真又頑固的」共產主義國家，後來她擔任這個國家的女大使一直到1988年，而在1988年她再度摘取了金牌，是繼松婭·赫尼後的第一人；維特則在柏林圍牆推倒之後飛到美國，成為職業運動員，她似乎是專為成為明星而誕生的，不論在東方或西方。

競速滑冰托拉斯

艾力克·海登在美國積極推廣競速滑冰*運動，他的同胞布萊爾是該項運動的佼佼者，也是獲得奧運會獎牌最多的女運動員之一。由於他們的努力，這項要求嚴格的運動在美國得到了長足的發展。

冬季奧運會

卡加拉：超規模冬季奧運會

1988 年在加拿大西部大城卡加拉舉行的冬季奧運會引起了美國電視廣播公司 ABC 的極大興趣，雖然美國在運動會上成績平平，但本次運動會卻有了新的變化，仍然是最大、最強，但加上最遠的口號，在奪取70公尺與90公尺跳板兩面金牌的時候，芬蘭「少年」努卡昂重新發明了雪橇跳躍*技術:他完完全全地在飛!

在啟里之後20年，已經取得直滑降銅牌的皮卡德囊括了全部超大曲道*新項目的冠軍，人們還發現了義大利的一名神奇運動員湯巴，他摘下兩面金牌，1992年他仍然是勝利者，1994年又奪得金牌。生於波隆那，性格外向，生活在優渥環境中的他斷絕與山裡人的來往，也許正是傲慢、目空一切的個性使他成為人盡皆知的運動員。

維特和湯巴

美麗的維特（上圖）和曲道運動員湯巴在勝利後結為伉儷。

冬季奧運會

居伊取得了北歐式結合運動*金牌。在此之前，法國在冬季奧運會上一直與該項目無緣，隨之，法國女子隊在冬季現代兩項*比賽中贏得了接力賽冠軍。

亞伯特維

法國亞伯特維城的薩瓦亞赫特山谷把相互遠離的場地統一並連接在一起：在瓦爾第塞赫進行阿爾卑斯式*滑雪項目比賽，在塞依舉行長距離滑雪*和冬季現代兩項*比賽，而在庫思萬爾，有北歐式結合運動*及雪橇跳躍*賽……

冬季奧運會又回到法國

1981年，啟里和巴尼安就已經開始夢想冬季奧運會能在法國薩瓦舉行，最後他們選擇了一個只有18000個居民的小鎮——亞伯特維。1986年10月17日在瑞士洛桑，國際奧委會決定，第16屆冬季奧運會將在法國舉行。

1992年2月8日，運動會在樸實、帶有濃厚原始色彩的儀式中開幕了。法國舞臺設計師菲力普·德庫佛雷將它拍成了影片：我們可以看到，由於當地居民的參加，入場儀式煥然一新，足球運動員普拉蒂尼手拿奧林匹克火炬點燃了火焰盆，比賽場上，挪威人表現最為出色，在長距離滑雪中，阿爾旺和達埃利兩人共得到七面獎牌，在阿爾卑斯式滑雪項目中，阿穆達和傑格獲得歷史上第一次勝利。

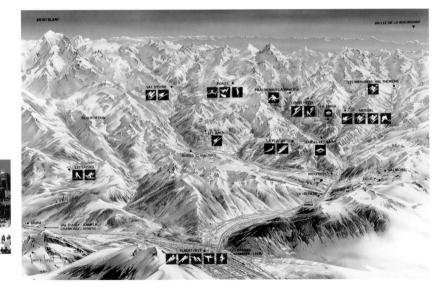

冬季奧運會

利勒哈默爾的接待

因為資金問題，國際奧委會*決定：冬季奧運會與夏季奧運會不在同一年舉辦，改成每兩年錯開舉辦，1994年在挪威利勒哈默爾舉行的冬季奧運會第一次執行這個新規定，忠於斯堪地那維亞生活方式的接待，純情、貼近自然，這還是第一次人們把商業運動會改口說是「生態運動會」。

儘管新聞記者特別多，尤其是因為剛剛發生過「哈丁與克里根事件」。為了拍攝花式滑冰的狂熱場面，美國記者還是蜂湧而來。然而事與願違，運動會的焦點卻在另外方面，在阿爾卑斯式滑雪、跳躍滑冰、競速滑冰*和長距離滑雪項目中，地主國挪威運動員的成績特別輝煌，其中科斯獲得三面金牌，而且破三項世界紀錄，達埃利在長距離滑雪項目中戰績輝煌，他是獲得獎牌最多的運動員。

1994年挪威運動會充滿著仁愛，為體育運動比賽樹立了美好的典範。

歡樂的人群

運動會的觀眾可謂是最熱情的了，浸潤在滑雪文化的挪威人成千上萬地湧向各個賽場，尤其是到長距離滑雪比賽場上看比賽，人們熱情地向冠軍們喝采：「挪威萬歲！」歡呼聲響徹雲霄。

1998年冬季奧運會將在日本長野舉行，人們預期冰上曲棍球比賽將達到頂峰：美國人宣稱，就像籃球一樣，他們將派出最優秀的職業運動員來日本參加比賽。2002年冬季奧運會又將在美國舉行，人們可以想像那時美國鹽湖城的比賽情景！

冬季奧運會

Astérix在奧林匹亞

在研究了古代奧林匹克歷史之後，Uderzo與Goscinny設計並繪畫了Astérix和Obélix在奧林匹亞的奇遇。的確，他們筆下的小英雄們在體育運動上的磨難，忠實反映了現代奧林匹克運動場上的氣氛，體育場、體育館*、角力場*的描繪、參加者的體力準備、比賽進行過程，甚至還有反興奮劑*的重要性！什麼都有了。

參見：《奧運會上的Astérix》，Dargaud出版，1968。

「奧林匹克的愛好者」

全世界有眾多狂熱的奧林匹克收藏者，他們聚集在比賽場地上交換明信片、錢幣、吉祥物、獎牌、宣傳海報，還有徽章。體育迷們把這些收藏品炫耀在T恤、帽子上；在「收藏者生活(La Vie du collectionneur)」雜誌中也可以找到這些收藏品（電話：(1) 60 71 55 55），在「體育與奧林匹克收藏者協會(Association Française des collectionneurs olympiques et sportifs)」（網址：http://www.afcos.org）裏面也能看到這些收藏品。

新的運動項目

每次奧運會，總有一些新的運動項目。例如，女子籃球在1976年引進；女子柔道在1992年巴塞隆納運動會上首次亮相；作為「表演運動」的棒球，同樣於1984年及1988年正式成為奧運會的比賽項目。主辦城市會把他們喜歡的一些體育加到奧運比賽項目中，經過試驗之後，也許某一天會成為(但不一定)奧運會正式比賽項目。巴塞隆納選擇了巴斯克網球和迴力球，亞特蘭大偏好女子足球及壘球，跳臺滑雪在日本長野成為比賽項目。

殘障運動會

每四年，殘障人士也參加奧林匹克運動會，在稱為「殘障者」的大集合中，經各國殘聯選出來的成千上萬的殘障運動員在主辦城市進行角逐，時間通常為15天。在漢城激動人心的體育場上，法國運動員巴迪德奪得了1500公尺輪椅奧林匹克冠軍。實際上，根據運動員的殘疾等級每一個比賽項目又分為好幾個類別。

奧林匹克史詩

於1993年6月揭幕的奧林匹克博物館雄偉地豎立在雷夢湖畔的一個公園內。進入博物館，人們就會沉浸在奧林匹克的世界中。永久性的展覽會場展出了著名運動員的紀念品，從希臘奧運會的起源，到利勒哈默爾奧運會的全部視聽資料：動畫片、視聽產品、圖書、照片，還有標有奧林匹克五環的紀念品商店……該博物館保存且頌揚奧林匹克運動會，博物館中還設有奧林匹克研究中心。

實用信息

法國殘疾運動聯合會(Fédération française Handisport), 44, rue Louis-Lumière, 75020 Paris.

網址：http://www.handisport.org

實用信息

奧林匹克博物館(Musée Olympique), 1, quai d'Ouchy 1001, Lausanne (Suisse).

網址：http://www.olympic.org

補充知識

一個世紀的節日

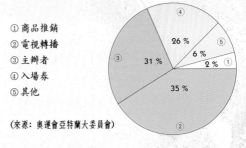

1996年夏季奧運會被命名為「世紀奧運會」，因為奧運會已存在了100年。其實早在1994年，國際奧委會*便慶祝過它的100周年，因為1894年，在法國巴黎大學莊嚴的階梯教室裏，奧林匹克運動已經在它神聖的森林邊開始了。沙佛奈主持了1894年6月23日的儀式。一個世紀之後，人們歌頌奧林匹克精神，也頌揚男爵古伯丁的功績。人們期待著21世紀奧林匹克的未來。

在眾多候選城市中只能選出一個

只有城市能被選中來主辦奧運會，而不是國家。首先國際奧委會根據資金、經濟及政府情況批准申請城市，然後，城市必須回答由國際奧委會提出的問題，闡明想成為候選城市的理由，國際奧委會在所有申請者中作一初選，在期限前，至少在六年前，國際奧委會便須決定主辦的城市。義大利羅馬、希臘雅典、南非開普敦、阿根廷布宜諾斯艾利斯及瑞典斯德哥爾摩等5城市從11個競爭者中

舉辦奧運會的城市				
	夏季		冬季	
	年份	城市	年份	城市
1	1896	雅典	1924	沙木尼
2	1900	巴黎	1928	聖莫里茨
3	1904	聖路易	1932	普拉西德湖
4	1908	倫敦	1936	加米施—帕滕基興
5	1912	斯德哥爾摩	1948	聖莫里茨
6	1916*	—	1952	奧斯陸
7	1920	安特衛普	1956	科爾蒂那丹
8	1924	巴黎	1960	斯闊谷
9	1928	阿姆斯特丹	1964	因斯布魯克
10	1932	洛杉磯	1968	格勒諾勃
11	1936	柏林	1972	札幌
12	1940*	—	1976	因斯布魯克
13	1944*	—	1980	普拉西德湖
14	1948	倫敦	1984	薩拉耶佛
15	1952	赫爾辛基	1988	大加拉
16	1956	墨爾本	1992	雅伯特維
17	1960	羅馬	1996	利勒哈默爾
18	1964	東京	1998	長野
19	1968	墨西哥	2002	鹽湖城
20	1972	慕尼黑	2006	杜林
21	1976	蒙特利爾	2010	溫哥華
22	1980	莫斯科		
23	1984	洛杉磯		
24	1988	漢城		
25	1992	巴塞隆納		
26	1996	亞特蘭大		
27	2000	雪梨		
28	2004	雅典		
29	2008	北京		

*1916、1940、1944，因為戰爭，奧運會停辦，未舉辦的夏季奧運會仍然保留編號，但冬季奧運會沒有保留編號。

脫穎而出，獲得角逐申辦2004年夏季奧運會的資格。國際奧委會於1997年9月在瑞士洛桑總部宣布最後幸運中選的主辦城市為希臘雅典。

亞特蘭大奧運會的經費來源

① 商品推銷
② 電視特播
③ 主辦者
④ 入場券
⑤ 其他

④ 26 %
⑤
⑥ 6 %
① 2 %
③ 31 %
② 35 %

（來源：奧運會亞特蘭大委員會）

91

參考書目

Olivier Barrot et Raymond Pointu,體育場上的魔鬼與上帝 (*Dieux et démons du Stade*), Calmann-Lévy, 1988.

Louis Callebat,古伯丁(*Pierre de Coubertin*), Fayard, 1988.

Daniel Costelle,奧林匹克運動史(*Histoire des Jeux olympiques*), Larousse, 1980.

Georges Deschiens,冬季奧運會史(*L'Histoire des Jeux olympiques d'hiver*), Jean Vuarnet, 1979.

Jean Dury,體育總冊(*Le Grand Livre du sport*), Nathan.

Petra et Patrice Faillot, 1996體育字典(*Dictionnaire des sports 1996*), Dicosport/D.P.S., 1996. Françoise Hache,奧林匹克運動會／閃閃發光的功勳(*Jeux olympiques/La Flamme de l'exploit*), «Découvertes», Gallimard, 1992.

Guy Lagorce et Robert Parienté,夏季與冬季奧林匹克運動會的神奇歷史(*La Fabuleuse Histoire des Jeux olympiques (été-hiver)*), éd. de La Martinière, 1995.

Guy Lagorce et Robert Parienté,田徑運動的神奇歷史 (*La Fabuleuse Histoire de l'athlétisme*), éd. de La Martinière, 1995.

Bernard Morlino,奧運會一百年(*Un siècle d'olympisme*), La Manufacture, 1988.

Stefano Pivato,體育的賭注 (*Les Enjeux du sport*), Casterman, 1994.

Juan Antonio Samaranch, 被遺漏的遺產(*L'Héritage trahi*), Boix-Espada-Pointu, Romillat, 1994.

Simson-Jennings,掠奪奧運會 (*Main basse sur les J.O.*), Flammarion, 1992.

1996年體育年刊 (*L'Annuaire du Sport 1996*), éd. du Rocher.

專業雜誌

法國體育與奧林匹克國家委員會通報(*La Lettre du Comité national olympique et sportif français (CNOSF)*), 1, avenue Pierre-de-Coubertin, 75013 Paris. Tél.: (1) 40 78 28 00.

奧林匹克雜誌 (*Olympic Magazine*), trimestriel du musée Olympique, 1, quai d'Ouchy, 1001, Lausanne (Suisse). Tél.: (41) 21 621 65 11.

連環畫

René Goscinny et Albert Uderzo,奧運會上的Astérix (*Astérix aux Jeux olympiques*), Dargaud, 1968.

電影

Michael Curtiz,全體美國人 (*All American*), (État-Unis), 1951.

Hugh Hudson,火戰車 (*Les Chariots de feu*), (Grande-Bretagne), 1981.

Gérard Oury,強中自有強中手 (*L'As des as*), (France), 1982.

活著的古伯丁(*Pierre de Coubertin vivant*), 錄影帶供國立體育博物館使用，24, rue du Commandant-Guilbaud, 75016 Paris.

博物館

Maison du sport francais (CNOSF), et stade Charléty, 1, avenue Pierre-de-Coubertin, 75013 Paris. Tél.: (1)40 78 28 00.

Musée national du Sport, 24, rue du Commandant-Guilbaud, 75016 Paris.

Musée Olympique, l, quai d'Ouchy 1001, Lausanne (Suisse). Tél.: (41) 21 621 65 11.

補充知識

本詞庫所定義之詞條在正文中以星號(*)標出，以中文筆劃為順序排列。

一 劃

一英里(Mile)
是中長跑傳說中的距離之一，英里是英國長度測量單位，為1609公尺。

二 劃

七項全能(Heptathlon)
由七項比賽組成：200公尺、800公尺、100公尺跨欄、跳遠、跳高、鉛球、標槍。

十項全能(Décathlon)
在兩天內進行競賽，包括10項比賽，100公尺、400公尺、1500公尺、110公尺跨欄、鉛球、鐵餅、標槍、跳高、跳遠和撐竿跳高。授獎給體育場上最全能的運動員。

四 劃

中長跑(Demi-fond)
田徑項目，規定為從800公尺到5000公尺的全部跑步比賽（1000公尺、2000公尺、1500公尺、1609公尺以及3000公尺）。

五項運動(Pentathlon)
五項運動為：賽馬、越野競走、游泳、擊劍*及射擊。

水球(Water-polo)
集體運動，在游泳池中進行，分成兩個隊，每隊有7名運動員，6名替補。

五 劃

冬季現代兩項(Biathlon)
長距離滑雪*與卡賓槍射擊比賽相結合的運動。

北歐式結合運動
(Combiné nordique)
結合雪橇跳躍滑雪*與長距離滑雪，距離15公里的男子項目。

北歐式滑雪(Ski nordique)
由長距離滑雪*、雪橇跳躍*、北歐式結合運動*組成。不屬於國際滑雪聯盟的冬季現代兩項*（滑雪與射擊）並不包括在內。

四年一次(Quadriennaux)
每隔4年再來一次。忠於古代傳統，奧運會每4年舉行一次。

平衡木(Poutre)
女子體操四種器械之一，只有10公分寬。

六 劃

全能比賽(Concours général)
體操比賽中，女子為四項：自由體操、平衡木*、高低槓及跳馬；男子為五項：自由體操、吊環、雙槓、單槓及鞍馬。

冰上舞蹈(Danse (sur glace))
在蒙特利爾奧運會上引進和比賽的項目，該項目是兩名滑冰運動員和著音樂同步協調地作優雅的冰上動作。

合成代謝品(Anabolisant)
能增加肌肉力量的物質，被國際奧委會*反興奮劑章程規定禁止服用。

合成鋪面(Tartan)
鋪在田徑跑道上的合成材質。

在滑雪板底塗臘(Fartage)
登山時，為了不讓雪橇向後滑去，在滑雪板前翹部分底部塗上薄薄一層臘；長距離滑雪運動員使用的是一種特殊臘。

曲道(Slalom)
要通過門的阿爾卑斯式滑雪*，它有四種類型：曲道、大曲道、超大曲道*或平行道（非奧林匹克項目）。

次重級(Mi-lourd)
奧林匹克拳擊運動員體重的12個等級之一，從最輕級(48公斤)到最重級(超過91公斤)，次重級超過81公斤。

七 劃

角力場(Palestre)
在古希臘，這是公眾場所，位於體育館附近，用作角力訓練。

八 劃

空氣(Air (pénétration dans l'air))
在高海拔處，稀薄的空氣有利於短跑與彈跳運動，因為速度會因阻力變小而提高。

長距離跑，長跑(Fond)
在中長跑*之外，長距離跑是從5000公尺到馬拉松*跑的全部跑步比賽（10000公尺、半馬拉松賽或一小時賽）。

長距離滑雪(Ski de fond)
北歐式滑雪*運動之一，有10公里、15公里、30公里、50公里越野賽，女子的距離則更短一些。

阿爾卑斯式滑雪(Ski alpin)
與北歐式滑雪*相反，它集中了好幾個項目：直滑降、超大曲道*、大曲道、曲道、綜合項目以及速滑。

小小詞庫

九 劃

突擊檢查(Contrôle inopiné)
反興奮劑的突擊檢查，由總會授權在會場外進行，而運動員事先並不知道。

紀錄(Record)
直到現在，所取得的最好成績。

美國國家籃球協會(NBA)
是美國國家籃球協會(National Basket-Ball Association)的縮寫，它指的是美國職業籃球團體。

十 劃

起跑器(Starting-blocks)
運動員在跑步之前把腳放在起跑器上，這樣腳就有支撐，在發令一剎那間能有很好的起跑。

馬拉松賽(Marathon)
它的精確距離應該是42.195公里，這個數字代表從雅典到馬拉松村的距離。

十一劃

國際奧林匹克委員會 (Comité international olympique)
為奧運會的最高決策權力機構，負責發展與檢查現代奧運會。

雪橇跳躍(Saut à skis)
從70公尺到90公尺跳板上，運動員兩次跳躍，裁判根據他們的長度與他們的表演技巧評分。

十二劃

短跑(Sprint)
田徑項目，指的是速度比賽：60公尺（室內）、100公尺、200公尺及4×100公尺接力。

越野障礙比賽(Cross-country)
過去的奧運會項目，在幾公里自然路程中設置障礙物。現在，障礙越野賽只在冬季舉行。

超大曲道(Super-G)
該項比賽一半是直滑降、一半是大曲道。

十三劃

奧林匹克帆船賽 (Voile olympique)
奧林匹克賽船，共有七個類型：第二類級、星級、飛行荷蘭人級、荷蘭人級、颶風級、470級、索齡級。

奧林匹克運動會(Olympiade)
其原意是指兩次比賽間的四年期間，現在此字也表示奧林匹克運動會。

奧林匹克憲章 (Charte olympique)
在奧林匹克憲章中規定了奧林匹克的職責以及組織機構，其中包括奧林匹克規則，它們應用的文本以及奧林匹克運動會機構所有必須的條令。

業餘愛好者(Amateur)
業餘體育運動員在參加體育比賽時，不能獲得任何金錢上的好處。

睾酮(Testostérone)
雄性激素，由人體中分泌出來，但也能用人工方法把它注射到體內，以提高肌肉的肌能，旨在提高成績，是一種興奮劑*，因此是被禁止使用的。

跨欄運動員(Hurdler)
英文術語，指的是田徑項目中參加跨欄賽跑的運動員。

跳水(Plongeon)
有三種跳板方式：1公尺跳板，3公尺跳板及10公尺跳臺。

預賽(Série)
決賽前的淘汰賽。

十六劃

興奮劑(Dopage)
一種提高和改善體能效應的物質，使用的是人造方法，如：合成代謝、麻醉、輸血等。

十七劃

擊劍(Escrime)
擊劍運動，由劍、花劍及刀（只限男子）組成。

舉重(Haltérophilie)
包括兩種技術：抓舉（將槓鈴由地面直接舉到頭頂之上）和挺舉（首先將槓鈴舉到與肩膀同高的位置）。

二十劃

競速滑冰(Patinage de Vitesse)
在400公尺環形冰道上進行滑冰比賽，男子為500公尺、1000公尺、1500公尺、5000公尺及10000公尺；女子為500公尺、1000公尺、1500公尺、3000公尺及5000公尺。

二十三劃

體育館(Gymnase)
在古代，體育館是露天的，提供體力與智力的全面訓練。現在，體育館是一封閉大廳，在此可以進行體育鍛鍊。

所標頁碼為原書頁碼，從粗體號碼的書頁裡可以歸納出該詞完整的意思。

索
引

95

索引

索引

一套專為十歲以上青少年設計的百科全書

人類文明小百科

行政院新聞局推介中小學生優良課外讀物

・充滿神秘色彩的神話從何而來？
・埃及金字塔埋藏什麼樣的秘密？
・想一窺浩瀚無垠的宇宙奧秘嗎？

人類文明小百科
為您解答心中的疑惑，開啟新的視野

EN
SAVOIR
PLUS

人類文明小百科

國家圖書館出版品預行編目資料

奧林匹克運動會 / Françoise Inizan著;馮恭己譯.－
－初版二刷.－－臺北市: 三民，2005
　　面；　　公分.－－(人類文明小百科)
含索引
譯自:Hisoire des Jeux Olympiques
ISBN 957-14-2627-X(精裝)

1.奧林匹克運動會－歷史

528.98209　　　　　　　　　　　　86005698

網路書店位址　http : // www. sanmin. com. tw

© 奧 林 匹 克 運 動 會

著作人　Françoise Inizan
譯　者　馮恭己
發行人　劉振強
發行所　三民書局股份有限公司
　　　　地址／臺北市復興北路386號
　　　　電話／(02)25006600
　　　　郵撥／0009998-5
印刷所　三民書局股份有限公司
門市部　復北店／臺北市復興北路386號
　　　　重南店／臺北市重慶南路一段61號
初版一刷　1997年8月
初版二刷　2005年8月
編　號　S 040141
定　價　新臺幣貳佰伍拾元整
行政院新聞局登記證局版臺業字第○二○○號

有著作權　不准侵害

ISBN　957-14-2627-X　（精裝）